古代晚期的世界

著者简介

彼得·布朗（Peter Brown），普林斯顿大学历史学荣休教授。他毕业于牛津大学，并曾于伦敦大学和加州大学伯克利分校任教。他对古代晚期这一研究领域做出了杰出贡献。他的著作尤其关注罗马帝国晚期和中世纪早期欧洲的宗教文化，以及宗教与社会的关系，作品包括：《希波的奥古斯丁》《古代晚期的世界》《圣徒崇拜》《身体与社会》《西方基督教的崛起》《罗马帝国后期的贫困与领导》。

译者简介

王班班，德国海德堡大学"物质文本文化"研究中心助理研究员、古代史与碑铭学系博士研究生，主要研究领域为希腊碑铭学，译有《罗马：一个帝国的故事》。

内容简介

《古代晚期的世界》是一部关于社会和文化变化的卓越研究，它解释了从公元2世纪晚期到约公元750年之间的古代晚期世界与"古典文明"有哪些不同，原因何在。正如作者所证明的那样，这几个世纪是根深蒂固的古代制度永远消失的时期：476年，罗马帝国从西欧消失了；655年，波斯帝国从近东消失了。普林斯顿大学历史学教授彼得·布朗研究了这一时期的剧变以及人们对这些变化的反应。在他的论述中，这一时期也是惊人的新开始，界定了基督教对欧洲和伊斯兰教对近东的深远影响。世界历史上的一个关键问题的答案由此浮现：公元200年左右异常同质的地中海世界是如何分成了中世纪时天主教的西欧、东正教的拜占庭和伊斯兰教的东方这三个相互疏远的社会的。在这一点上，古代晚期发生的变化仍在影响着我们今天的世界。

World of
The
Late Antiquity

古代晚期
的
世界
150-750

[爱尔兰]

彼得·布朗
PETER BROWN

著

王班班

译

九州出版社
JIUZHOUPRESS

图 1　4 世纪的一幅家族群像，十字架中的金箔嵌玻璃

注：这块金箔嵌玻璃，后来被嵌入著名的"狄西德里乌斯十字架"（Croce di Desiderio，9 世纪初）中，上有一段意义不明的铭文 BOYNNEPI KEPAMI，定年、刻画人物均未有定论；不少作品认为这是基督徒图像，但没有坚实依据。（本书图片文字的注释均为译者所加，下不一一说明。）

序 言

本书是一项对社会与文化转变的研究。我希望读者放下书卷时，能对这些问题怀有概念：古代晚期世界（从约公元200年到约公元700年的时期）如何，以至为何与"古典"文明殊为不同，以及这一时期的急剧变化又如何决定了西欧、东欧以及中东不同的演进。

要想研究这一时期，必须始终意识到，在异常古老而根基深厚的环地中海世界中，转变与延续之间存在着张力。一方面，众所周知，正是在这一时期，古老的制度机体无可挽回地消失了，而生活在公元250年左右的人是无法想象其不存在的。到476年，罗马帝国在西欧灭亡了；到655年，波斯帝国则从近东消失了。书写晚期古代世界时，实在太容易将其当作一段"衰亡"的

图2（左页图） 抽象艺术。以新式风格呈现传统的罗马执政官游行队。出自4世纪罗马的尤尼乌斯·巴苏斯巴西利卡会堂（Basilica of Junius Bassus）

注：这一图像采用了3—4世纪极盛的切嵌壁画（opus sectile）工艺。建筑本身于331年由执政官尤尼乌斯·阿尼乌斯·巴苏斯兴建，保有大量同一时期或较早时期的切嵌壁画。

忧郁故事：从西方来看，是罗马帝国的结束；而从伊朗来看，则是波斯，即萨珊（Sassanian）帝国的告终。另一方面，我们也越来越意识到与这一时期相联系的惊人的新开端：我们将开始发现，为何欧洲成了基督教的领域，而近东则成了伊斯兰教的；我们对于这一时代新的抽象艺术之"当代"特质已经极有感触了；而我们在阅读普罗提诺（Plotinus）和奥古斯丁（Augustine）等人的作品时，一定会感到惊诧，因为如今已被一个敏感的欧洲人视为自己文化中最"现代"和有价值的事物，很大一部分能在这些作品中找到脉络——就像是某种怪异的前奏一样。

观察古代晚期的世界，我们会陷入对古代残垣断壁的沉思叹惋与对新生事物成长的惊喜欢呼之间。而我们对这一世界的生活究竟是怎样的往往缺乏认识。正如我们将读到的与这些变迁同时代的人一样，我们要么会变得极端保守，要么将异常激进。一位罗马元老可以像仍然生活在奥古斯都时代一样写作，但醒来时却像许多5世纪末的人一样发现，罗马皇帝在意大利已不复存在了。同样地，一位基督教主教或许会对蛮族入侵的灾难欣然接受，仿佛这些蛮族将人类不可扭转地从地上的文明推向了天上的耶路撒冷，但他的欢迎却会用上一种不自觉以古代经典为模板的拉丁文或希腊文；而他不经意流露出的自己对宇宙的态度、先入之见以及行为模式也都表明，这位主教仍然深深根植于八百年地中海生活之中。

如何吸收伟大的过去而又不压抑转变。如何进行转变而又不丢失根基。最重要的是，如何对待身边的陌生者——被排除在传统贵族制社会之外的人、被传统文化噤声的思想、在常规的宗教中未能得到表达的需求、来自边境另一边的完全的异邦人。这些是所有文明社会都必须面对的问题。而这些问题在古代晚期特别引人注目。我想象不出一位读者能完全不受古典希腊罗马观念的影响或完全无涉于基督教的影响，以致不想对古代晚期世界给出什么评价：毕竟，这个世界见证了古典希腊罗马的急剧转型和基督教对古典异教的胜利。但我应坦白说，在呈现证据时，我着重关注了古代晚期世界的人们面对"转变"这一问题的方式。

罗马帝国囊括了一片广阔而多样的领土：在这一时期内帝国经历的变化也复杂而多元。这些变化既有明显而得到充分记载的发展，比如战争与高税负对3—4世纪社会所造成的后果；也有隐蔽神秘的转变，比如那些影响了人们与自己身体的关系以及与近邻的关系的转变。因此我相信读者会耐心地容忍我在第一部分开篇先用3节内容概述公元200—400年间帝国公共生活中的转变，而后返回来，分析在同一时期发生的，不那么公共却同样具有决定性的宗教态度上的转变。我已尽我所能指出了那些在我看来帝国社会和经济状况的转变与这一时代宗教发展的交织之处。

纵观这一时期，地中海与两河流域是转变的主要舞台。北方蛮族的世界对这些地域来说仍属边缘。不列颠、高卢北部、6世纪末斯拉夫人入侵后的多瑙河诸行省都处于我的视野之外。叙述本身着重于东地中海，而其终结于"正直者"哈伦（Harun al-Rashid）的巴格达，也要比在他的同时代人查理曼（Charlemagne）的亚琛城（Aachen）停下更为自然。我相信尽管我将讨论限制在这一地域，读者（尤其是那些已经习惯于着重考察后罗马西方社会的兴起的中世纪学者）也会原谅我。关于西欧，读者会有不少可靠的指南，而我们都一样得益于它们。

无人可以否认，古代晚期的社会革命与宗教革命之间有着紧密的联系。但正是因为它们联系紧密，其关系不可被简化为粗浅的"因果"关系。历史学家常常只能说某些转变相互勾连，要想理解其中一种转变，就不能不涉及另一种。完全由皇帝、蛮族、军士、地主和包税人组成的古代晚期史，会对这个时期的性质给出苍白且不现实的图景，而单单讨论这一时代隐蔽的灵魂、修士、神秘主义者以及令人敬畏的神学家的叙述也是一样。我必须交由读者来判断我的叙述是否有助于理解为什么如此多，而且如此多种多样的转变，都汇聚在一起，创造了这个欧洲文明中非常独特的时段——古代晚期世界。

这部叙述的勘校有赖于菲利普·卢梭（Philip Rousseau）的勤勉。一如既往，他所用心的远不只是对日期和引用的校订。本书的完稿最应归功于我的妻子，我一直乐于分有她对各种转变时代的好奇与敏感。

目 录

序 言 /i

第一部分
晚期罗马的革命

第一章 社 会 /3
1. 古典世界的界限：约公元200年 /3
2. 新的统治者：240—350年 /18
3. 恢复的世界：4世纪的罗马社会 /32

第二章 宗 教 /49
1. 新情绪：宗教思想的诸方向，约170—300年 /49
2. 城市的危机：基督教的兴起，约200—300年 /62
3. 最后的希腊人：哲学与异教，约260—360年 /74
4. 归信基督教，300—363年 /88
5. 新民族：修道主义与基督教的扩张，300—400年 /104

第二部分
彼此相异的遗产

第三章　西　部　/129
　　1. 西部的复兴，350—450 年　/129
　　2. 幸存的代价：西部社会，450—600 年　/142

第四章　拜占庭　/155
　　1. "统治之城"：从提奥多西二世到阿纳斯塔修斯的东部帝国，408—518 年　/155
　　2. 荣光：查士丁尼及其继承者，527—603 年　/172
　　3. 东方的帝国：拜占庭与波斯，540—640 年　/186
　　4. 古典世界的终结：早期中世纪的文化与宗教　/202

第五章　新的参与者　/223
　　1. 穆罕默德与伊斯兰的兴起，610—632 年　/223
　　2. "吾等的长枪守卫的花园"：伊斯兰治下的晚期古典世界，632—809 年　/230

参考书目　/242

地　图　/258

图片出处　/260

出版后记　/261

第一部分

晚期罗马的革命

图3 "巴洛克"的时代。大胆的拱形和豪奢的石刻工艺已经显露出对古典情绪的偏离。对那些重视"明星"表演者和恢宏公共活动的社群来说，这种戏剧性的风格为他们提供了背景板。地方巨擘回馈母邦的典型例证：皇帝塞普提米乌斯·塞维鲁（Septimius Severus）为他的母邦大莱普提斯（Leptis Magna）建造了这一建筑以及其他类似建筑

注：这是大莱普提斯的塞维鲁广场（Forum Severianum）的戈尔工拱廊。用蛇发戈尔工的首级做市政广场拱廊的装饰在罗马建筑中非常罕见，有学者认为戈尔工是作为本地文化符号的装饰；而更晚近的研究则认为塞维鲁有意将自己比作斩杀戈尔工女妖的珀尔修斯，而戈尔工首级则象征着帝国混乱的罪魁皆已授首。

第一章

社　会

1. 古典世界的界限：约公元200年

苏格拉底曾告诉他的雅典朋友们："我们环海而居，好像池塘边上的青蛙。"[①] 700年后的公元200年，古典世界依旧簇拥在它的"池塘"边：仍然依附着地中海海岸。现代欧洲的中心区则都处在古代人的世界的北方和西方。对他们来说，前往莱茵兰就是"一半踏入了蛮族的地域"：一位典型的南方人甚至把他过世妻子的遗体一路从特里尔（Trier）带回帕维亚（Pavia），将她安葬于祖先身边！一位来自小亚细亚的希腊元老被派往多瑙河担任行省长官，他只能自怜地写道："这些居民……过着所有人类中最为痛苦的生活，因为他们既不种植橄榄，也不饮用葡萄酒。"[②]

[①] 出自柏拉图《斐多篇》109b，有改动。（本书脚注为译者所加，下不一一说明。）
[②] 狄奥·卡西乌斯《罗马史》第49卷第36章第2节。

4　古代晚期的世界

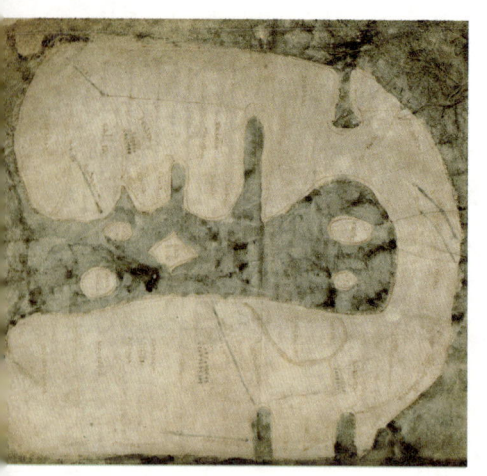

图4（左图）　青蛙池塘。8世纪的阿尔比世界地图（Mappa Mundi of Albi）把地中海画在世界的中心。（左上的）不列颠图形很小；但尼罗河三角洲和幼发拉底河（下方中部和边上）则呈现了细节

图5（右页左图）　大海意味着食物。这幅（公元1至4世纪）出自奥斯提亚（Ostia）的湿壁画描绘了谷物装船的图景。据一位5世纪人的观察，君士坦丁堡十分幸运："即使人口众多，食物也总是充足，因为各种给养都能通过海运从诸多地区直接运来。"

图6（右页右图）　替代方案：笨拙的陆上旅行。一位4世纪的小亚细亚居民写道："我们的城市远离海洋，因此物产过剩时难以出手，物产短缺时无法进口所需品。"浮雕出自阿达姆克利西（Adamklissi）的图拉真胜利纪念碑，公元108—109年

　　在共和国和早期帝国时期，罗马帝国曾扩张到很远，这一扩张程度对于保护和丰富已经在地中海沿岸存续了数个世纪的古典世界而言，似乎是有必要的。关于公元2世纪的帝国极盛期，令我们惊奇的是地中海式生活那非凡的浪潮。这一浪潮前所未有地冲刷到了内陆；在北非和近东，它此后再也没能如此深入。一处以意大利乡村庄园为模板的军官食堂曾短时间正对着苏格兰的格兰扁山脉（the Grampians）。一座有着圆形剧场、图书馆和古典哲学家雕像的棋盘状城市则建在了现在阿尔及利亚荒凉的南方领土上的侯德纳山脉（Hodna range）边的塔姆加蒂（Timgad）。在幼发拉底河上的杜拉-欧罗波斯（Dura-Europos），一座要塞城镇和罗马遵循着同样的公共节庆历法。古代晚期世界继承了这一令

人惊奇的遗产。从公元 200 年至 700 年期间的主要问题之一，就是如何将这种植根于古典城邦密布的狭窄海岸线上的生活方式与文化在一个广阔帝国中的各处维持下去。

从一开始，古典地中海一直就在饥馑的边缘徘徊，因为地中海是一片由山脉环绕的海洋：其丰饶的平原和河谷犹如缝在粗布上的蕾丝花边。古典时代的许多最伟大的城市都坐落在陡峻高地的地形中。每年，这些城市的居民都会扫掠周边的乡村来喂饱自己。在描述 2 世纪中叶乡村广泛出现的营养不良时，医生盖伦（Galen）观察到："居住在城市里的人，其做法就是，一到收获季就收购囤积谷物以备整个来年。他们拿走了所有的小麦、大麦、豆类和小扁豆，把剩下的留给乡民。"①从这一角度看，罗马帝国的历史就是居住在城市中并在欧洲文明进程中留下自己印记的那百分之十的人口，以盖伦描述的直接突击方式，夺走在田间劳作的那余下百分之九十人口的劳动成果以喂饱自己的历史。

食物是古代地中海最为珍贵的商品。食物需要交通。罗马帝国的大城市中，只有极少数才能指望从近邻环境中自给自足。罗马长期依赖每年从非洲驶来的运粮船：到公元6世纪，君士坦丁堡每年要从埃及调取175 200吨小麦。

水路对所有原始运输系统来说，就如铁路在现代一样重要：它们都是运输重型货物不可或缺的主动脉。货物一旦离开地中海或大河的水域，其迅捷而廉价的行进就变得缓慢而价格昂贵。把粮食从地中海一端运到另一端的花费，还不如把这些粮食往内陆再运输75英里②的花费多。

因此，罗马帝国始终包含了两个互相重叠的世界。直到公元700年，海滨的大城市都保持着紧密的互相联系：20天的平静航程就会把旅客从罗马世界核心的地中海的一端带到另一端。但在内陆，罗马式生活则总是倾向于凝聚成一块块小小的绿洲，如同干燥表面上的水珠。罗马人以贯穿帝国的道路而知名：但道路经过的城镇中的居民，都从半径不过30英里的范围内获得全部食物和多数日用品。

因此，帝国的成本之高正是在内陆地区，沿陆路大道边缘之

---

① 盖伦《论好坏体液》第1节。
② 1英里约合1.6千米。

处最为明显。罗马帝国在无休止地努力维持一统时，显得最为臃肿而横暴。士兵、政务官、传信者及其给养，都必须持续不断地从一个行省移动到另一个。从公元200年的皇帝的角度来看，罗马世界就是道路编成的蛛网，上面标记着一个个中途站，每个小社群都不得不在这里调配征收来的不断增多的食粮、衣物、牲畜和人力，以供养宫廷和军队。

至于那些为满足这一横暴的机器的需求而服务的人，这种强制对他们至少并非新事。在一些地方，这种强制与文明本身同样古老。例如在巴勒斯坦，基督曾警示他的听众，当一个官员"强逼你（带着他的行李）走一里路"①时应该如何表现。其至福音书作者使用的"强逼"（angareusei）一词本来都不是希腊语词：它出自波斯语，可以追溯到500年前阿契美尼德王朝以同样横暴的方式在他们广袤帝国的知名大道上运送物资之时。

但到200年时已经蔓延到极度远离地中海之处的罗马帝国，却是通过一种认为帝国仍是一个小世界的幻象来保持一体的。很少会有一个国家如此依赖这么一个精巧的花招。到200年，帝国由一批贵族统治，他们有着惊人一致的文化、品味和语言。在西方，元老阶层仍是一个固执且有吸收力的精英集团，他们支配着意大利、阿非利加、法国南部和埃布罗（Ebro）河、瓜达尔基维尔（Guadalquivir）河两条河谷；在东方，所有文化与全部地方权力一直集中于希腊城邦自傲的寡头们手中。纵观整个希腊世界，

---

① 圣经《马太福音》第5章第41节。

任何受过良好教育的希腊语使用者都不会因词汇与语音的差异而暴露自己的出生地。在西方，双语贵族则自然而然地从拉丁语切换到希腊语；例如，一位北非的地主会在士麦那（Smyrna）富裕希腊人的文学沙龙中怡然自得。

但是，这种惊人的统一性的维系者们，却令人费解地认为他们的古典文化的存在是为了排除他们自己世界以外的其他选项。正如许多世界性的贵族，比如欧洲封建时代晚期的君主或奥匈帝国的贵族一样，身处罗马世界任何一处的属于同一阶级和文化之人，都感到他们彼此之间更加接近，而与他们身边的绝大部分邻人，那些门阶旁的"欠发达"农民相去甚远。"野蛮人"的存在对罗马帝国的文化施加了安静却持续存在的压力。"野蛮人"不仅是来自边疆另一边的原始战士：到200年时，这一"野蛮人"概念里又加入了帝国内部那些不参与者（non-participant）。贵族会穿行于一个又一个相似得令人安心的市政广场，讲着统一的语言，遵守着由所有受教育者们共享的行为礼节与规范；但他们的道路深入的地界属于他们的同宗之人，而这些人对他们来说，就像任何日耳曼人或波斯人一样陌生。在高卢，乡下人仍然在讲凯尔特语；在北非，他们则说布匿语和利比亚语（Libyan）；在小亚细亚，人们还讲着诸如吕高尼语（Lycaonian）、弗律基亚语（Phrygian）和卡帕多奇亚语（Cappadocian）等古老的方言；而在叙利亚，则有亚兰语和叙利亚语。

与这些庞大而无法吸纳的"野蛮"世界比邻而居，罗马帝国的统治阶级没有沾染现代殖民政权那种更为恶毒的排外性，而是

行省人

图 7（右上图） 富有的叙利亚人。他冗长的希腊罗马式名字"马尔库斯·尤利乌斯·马克西姆斯·阿里斯提德斯"（Marcus Julius Maximus Aristides）配有一段亚兰文长铭文，而雕刻师则用当地风格描绘他，这种风格是后来拜占庭肖像的预表。公元 2 至 3 世纪

注：他的葬仪雕像左上方是亚兰文铭文，右上方则是摊开的纸草，两端设计成多利克式廊柱，纸草中刻有希腊文铭文，双语内容基本一致。铭文称此人是住在巴尔米拉（Palmyra）的贝吕托斯（Berytus，今黎巴嫩贝鲁特，这一地区仅有的罗马殖民地）公民，并很有可能受过传统教化。

图 8（左图） 埃及人。出自埃及谢赫阿巴得（Shech Abade）的科普特人墓石，4 世纪

图 9（右下图） 莱茵兰的农民。在西方，下层阶级的羊毛短襟和小帽一直延续到中世纪没有变化，并以修士的长袍和修士帽的形式留存下来。2 世纪的墓石

图10 保卫者。多瑙河边境阿达姆克利希的地方纪念碑（图拉真胜利纪念碑）上的罗马旗手

以宽容不同种族和地方宗教而闻名。但对于想要被纳入他们自己的世界的人，他们索取的代价是遵从——采纳这个世界的生活方式、传统、教育，以及它的两种古典语言，西部的拉丁语和东部的希腊语。那些无法参与其中的人则被抛弃：他们被直白地贬为"乡巴佬"和"野蛮人"。那些可以参与其中却拒绝参与的人们——最著名的是犹太人——则受到程度不一的仇恨与蔑视，只偶尔因为对古代近东文明的代表出于尊敬的好奇，才会有所缓和。那些曾一度参与其中却招摇着"退出"的人们，也就是基督徒们，就可能遭到草率处决。到公元200年，许多行省长官和诸多民众群体都曾找到理由，以狂乱的确定性划定古典世界的边界，来对付他们之中的基督教异见者：正如一位官员告诉基督徒的那样，"我还没到要去倾听那些对罗马宗教说三道四的人

的地步。"

公元 200 年前后的古典社会有着稳定的边界。但这个社会却远远不是停滞不前的。在希腊世界，古典传统已经存续了 700 多年。希腊文化创造力在雅典的初次爆发，不应蒙蔽我们的眼光，让我们对自亚历山大大帝的征服以来，希腊文化如何安定下来，以自己的节奏存续视而不见。这种节奏如素歌一般，既延绵持久，又精致细微，还耐心重复。在公元 2 世纪已经发生过一场激动人心的文艺复兴。与此同时，希腊城市上层阶级的经济生活与政治积极性也有复苏。安敦尼时代是希腊智者（Sophists）的全盛期。这些以致力修辞而闻名的人，既是文豪，又是城市巨头。他们影响力广大，又声望显赫：其中一人，士麦那的波勒蒙（Polemo of Smyrna），"对待一切城市如其下位，事皇帝不似对待上司，把诸神也当作同等人对待"①。在他们身后矗立着繁荣的爱琴海诸城。在以弗所和士麦那宏大的古典遗迹（以及从突尼斯的大莱普提斯到黎巴嫩的巴勒贝克［Baalbek］的类似的同时代城市和神庙）在今日的我们看来总括了一个永恒的古代世界。但实际上，他们不过是从哈德良（117—138 年在位）到塞普提米乌斯·塞维鲁（193—211 年在位）之间不过几代人藻饰华丽的成果。

同样，到了 2 世纪末、3 世纪初，希腊文化也得到了集成，它构成了贯穿中世纪的古典传统的基石。百科全书，医学、自然科学与天文学手册，这些在此后 1500 年里所有的拉丁、拜占

---

① 斐洛斯特拉托斯《智者传》第 1 章第 25 节。

庭和阿拉伯有教养人士都将参考的作品，都是在这一时期编纂的。在希腊世界中一直延续到中世纪结束的文学品味和政治态度，也首先形成于安敦尼时代：15世纪的拜占庭士绅仍然使用一种艰涩深奥的阿提卡希腊语，而这正是哈德良时代的智者们用过的。

此时，希腊世界将罗马帝国据为己有。我们可以从一个来自比提尼亚（Bithynia），并加入了罗马的统治阶级成为元老的希腊人身上看到这一对罗马国家的认同与它导致的强调重点的微妙转移。这个人就是狄奥·卡西乌斯（Dio Cassius），他撰写的《罗马史》一直写到了公元229年。无论狄奥多么热情地吸收着罗马元老院的观点，我们都被反复提示到，帝国面对的希腊人已经习惯于长达数个世纪的开明专制（enlightened despotism）。狄奥明白，罗马皇帝是独裁者。对他行为的唯一制约是与受过教育的上层阶层一致的利益与共同的体面——而不是奥古斯都政制那钟表般的精密装置。狄奥也明白这种制约有多么脆弱：他曾列席一次元老院会议，会上一位占星师告发，某些"秃头"阴谋反对皇帝……他不由自主地猛然抬手摸了自己的头顶。[①] 但只要能造就一个秩序井然的世界，狄奥就接受一人强势统治：只有皇帝能平定内战；只有皇帝能监管派系林立的希腊诸城；只有皇帝能让狄奥的阶级一直稳定而受尊重。几世纪后埋首于狄奥的作品以了解罗马历史的拜占庭学者，发现自己面对狄奥叙述的罗马共和国英雄

[①] 狄奥·卡西乌斯《罗马史》第77卷第8章第2—7节。

事迹如堕五里雾中,却全然能理解狄奥自己的时代的强势而勤勉的皇帝:一位2世纪末3世纪初希腊人的罗马史,已成了他们的历史。

罗马帝国的重心转向了小亚细亚的希腊城市,希腊政制的繁荣地;就此,安敦尼时代的繁盛已经指向了拜占庭的方向。但狄奥·卡西乌斯时代的人们仍坚决地面向另一个方向:他们是坚定的保守派;其最大的成功表现在一种文化反应中;对他们来说,古典世界的边界仍然清晰坚实:对于狄奥这样的人而言,是无法想象出真正意义上的拜占庭这样的文明的,它能在这个古老的、面向过去的传统上创建起革命性创新,比如确立了基督教,并建造了君士坦丁堡作为"新罗马"(例如,狄奥从未提及基督教的存在,即使基督徒已经在他的母邦困扰掌权者超过150年了)。这样的文明,只有在3、4世纪的晚期罗马革命中才得以兴起。

即将贯穿本书的主题,是公元200年以后古典世界界限的变动和再定义。这一主题与"罗马帝国的衰亡"的传统问题关系不大。"衰亡"只影响了罗马帝国西部行省的政治结构:古代晚期的文化发电厂——地中海东部和近东地区,并未受这场衰亡的损害。即使在西欧的蛮族国家眼中,在6、7世纪,此时存续于君士坦丁堡的罗马帝国也仍是世上拥有最伟大文明的国家,而它也仍用着古老的名字,"共和国"(Respublica,或"共同体",见本书第153页)。古代晚期人们自己迫切关注的问题,则是痛苦地修改古老的界限。

地理上,地中海的控制力松弛了。410年以后,不列颠遭到了放弃；480年以后，北方势力在高卢的统治终告稳固。矛盾的是，地中海的退却在东方发生得更早也更不受注意；但这是决定性的。直到公元1世纪，希腊文明仍在表面上覆盖着伊朗高原的大片地域：在阿富汗，一种希腊-佛教式艺术一度兴盛，在喀布尔（Kabul）郊外也发现过一位佛教徒君主的诸多敕令，它们被译成了无可挑剔的哲学式希腊文[1]。但在224年，一个来自伊朗沙文主义"南方腹地"法尔斯（Fars）的家族控制了波斯帝国。在这个名唤萨珊的王朝统治下重生的波斯帝国，迅速从肩上抖落了希腊式华服。一个高效而进取，其统治阶级又出名地不接纳西方影响的帝国，现在立于罗马帝国东方边境之上。在公元252、257、260年，伟大的万王之王（Shahanshah）沙普尔一世（Shapur I），宣示着他的重甲骑兵有多强的破坏力："恺撒瓦勒良领七万人伐我……我与之大战，并亲手俘获恺撒瓦勒良……叙利亚、奇里乞亚、卡帕多奇亚诸行省，我纵火焚之，劫掠征服之，并掳其民众。"[2]

由于害怕再遭此劫，皇帝的关切从莱茵河与更近的地方进一步向幼发拉底河倾斜。更重要的是，与萨珊波斯的对立使得古典世界的藩篱在近东出现了缺口：对立使美索不达米亚得以凸显，并让罗马世界暴露于从这片在艺术和宗教上极富创造性且极具异国风味的地区的持续影响之下（特别见本书第190—192页）。

传统的日期并不总是最具决定性的。众所周知，哥特人攻

---

[1] 原文如此。这里指坎大哈的"阿育王敕令"（Kandahar Aśoka edicts）。
[2] 《沙普尔一世功业录》第24—27行（希腊文版）。

图11　波斯的阴影。3世纪下半叶比沙普尔（Bishapur）的石雕中，罗马皇帝瓦勒良如臣子般跪在沙普尔一世面前，后者则被描绘成大流士和薛西斯的继承人，在罗马帝国的东部诸省树立强权

注：这一石雕（比沙普尔二号石窟）实际表现了3位罗马皇帝，即战死的戈尔迪安三世（沙普尔马蹄下躺卧者）、被俘的瓦勒良（被沙普尔的右手挟持着）和与波斯媾和的阿拉伯人菲利普（马前单膝跪地者）。波斯方面的史料《沙普尔一世功业录》以及沙普尔在帝王谷的石雕均与这个解读吻合。

陷罗马是在410年：但帝国西部陷落的行省在长达数个世纪期间仍处在一个公认的"次罗马"（sub-Roman）文明之下。反观帝国东部，于640年以后陷于伊斯兰的诸行省中，"次拜占庭"（sub-Byzantine）社会却未能长期保存：这些行省迅速"东方化"（orientalized）了。因为伊斯兰教本身，在被征服的波斯帝国广大领土影响下，就被推向了其最初征服的东方。在8世纪，地中海沿岸终将由巴格达统治；地中海对于习惯了从波斯湾启航的人来说成了荒僻水域；而"正直者"哈伦（788—809年在位）的宫廷及其"次波斯"（sub-Persian）文化的严整装束提示着我们，这场近东对希腊人的不可逆转的胜利，虽然缓慢但确实开始于公元224年在法尔斯的反抗。

随着地中海的退却，一个更古老的世界重见天日。不列颠的手艺人回归了拉坦诺（La Tène）时代的艺术形式。罗马晚期高卢的农奴，也以凯尔特语的称呼"vassus"（附庸）重现。罗马世界虔敬的裁判者，埃及的科普特隐士们，让法老的语言得以重生（见本书第102—103页）；而叙利亚的颂诗作者加在基督头上的对神圣王权（Divine Kingship）的称呼，可以追溯到苏美尔时代。在地中海本身的周围，内部的藩篱也崩溃了。罗马世界的另一面，那往往早已在默默无闻中做好了准备的一面（见本书第40—42页），如今犹如被犁翻起的异色土壤一般浮上了表面。基督教在被狄奥·卡西乌斯忽视之后，仅仅过了3代人，就成了皇帝的宗教（见本书第93页及以下）。有时候，小处能更忠实地揭示转变，因为那往往是非刻意为之的。4世纪罗马附近的一处雕塑工坊生产的雕塑仍一丝不苟地穿着古罗马托加（还有一个用来装可拆卸头部的插口！）；但委托制造这些作品的贵族们实际上穿着的服装却揭示了他们长期暴露在非地中海世界"蛮族人"影响下的现实：来自多瑙河的羊绒衫、来自日耳曼的金银细丝（filigree）扣针在肩膀处系住了来自北高卢的长袍，甚至还有"撒克逊式"裤子用来保护健康。更深一步，在地中海的真正核心，希腊哲学的传统找到了向一种不同的宗教氛围开放的方法（见本书第76页及以下）。

诸如此类的转变就是古代晚期世界演进的主题。在下面两节中，我们必须考察这些转变在3世纪晚期和4世纪开始时的政治背景与社会背景。

2. 新的统治者：240—350 年

狄奥·卡西乌斯在 229 年搁笔时，并没有不祥的预感。他的孙辈和重孙辈却可能见证 284 年戴克里先的继位，以及 312 年君士坦丁归信基督教。举一个更知名的例子：迦太基主教圣居普良（St. Cyprian）殉教于 258 年。居普良的秘书在耄耋之年，能告诉圣哲罗姆（生于约 342 年）的一位年长友人，这位伟大的主教曾爱读哪些书。我们不应忽视代际间的这种不起眼的联系。3 世纪中叶居普良所处的异教罗马帝国在我们看来，或许和 4 世纪晚期哲罗姆的基督教"晚期"罗马帝国相去甚远。但罗马帝国是一个庞大而运行缓慢的社会。其财富的绝大部分出自农业，而大多数人口则以务农为生。因此，240 年以后两代人之间政治动荡与蛮族入侵造成的后果，得到了充分缓冲。

240 年以后，这个庞大的帝国必须面对蛮族入侵和政治动荡，而其规模完全在预料之外。罗马帝国在 240 至 300 年期间为平定危机采取的措施，为古代晚期社会将来的发展定下了基调。

这场危机彻底暴露出了帝国古老的地中海内核与边疆更为原始而脆弱的世界之间的对立。在环地中海地区，战争已经成了一种遥远之事。传统贵族在帝国政治与文化生活上的绝对统治地位，有赖于长期的和平。但在北方以及面对亚美尼亚和伊朗高地

图 12（右页图） 戎装的戴克里先（284—305 年在位）及其同像。组成军政团的同僚们搭起肩膀，做出象征团结的姿势。这种简化的军事团体实在是太像中世纪的风格，以至于这些人物长期被错当成基督徒十字军，甚至曾被当作圣乔治的雕像被崇拜！威尼斯圣马可教堂（San Marco）的斑岩雕塑

的东方边疆，和平显然是自然法则中的短暂间歇。罗马帝国和中国一样，是古代世界中极少见的努力在以战争为生的诸多社会中创造一个和平的文官政府的绿洲的大国。随着224年波斯的崛起，248年以后哥特人在多瑙河流域建立起联盟，以及260年以后沿莱茵河的战团（warbands）的壮大，帝国不得不在每个方向都面临战争。

帝国对此的准备明显不足。245—270年，各处边疆均告崩溃。251年，皇帝德基乌斯（Decius）在多布卢加（Dobrudja）沼泽中与哥特人作战时全军覆没。260年，沙普尔一世擒获了皇帝瓦勒良及其军队，并攻陷了安条克城。来自莱茵河口和克里米亚（Crimea）的蛮族的长舟是后世维京人功业的先声。这些蛮族人洗劫了不列颠和高卢海岸，并劫掠了爱琴海无助的城市。271年，皇帝奥勒良不得不草草建起一座军事城墙来围绕住罗马城本身。即使是帝国的统一都遭到地方"突发"国家的威胁：波思图姆斯（Postumus）在260—268年统治了高卢、不列颠和西班牙；巴尔米拉女王泽诺比娅（Zenobia of Palmyra）则在267—270年控制了部分东部行省。

罗马世界分裂了。不同的人群和行省的遭遇也极为不同。在边疆沿线，庄园和城市突然遭到遗弃；军队在47年间拥立了25位皇帝，只有一位寿终正寝。但在环地中海地区，一个更有韧性的世界仍坚守自己的路线并保持着乐观。亚历山大里亚的铸币厂自觉地记录着每一个来到此处并北行千里的皇帝的肖像。在自家豪华的庄园中，罗马的元老们仍在资助着希腊哲学（见本书第74

图 13　边境的世界。在多瑙河上作战的罗马士兵。来自阿达姆克利希的浮雕，公元 108—109 年

页），并将胸像以安敦尼式的藻饰风格安放好。在罗马、阿非利加和东地中海，基督教主教们则享受着安稳与四处移动的自由，与他们的异教统治者艰难忙碌的处境形成了不祥的对比（见本书第 71 页及以下）。在危机的数十年间，地中海城市处于领导地位的诸多居民必然还在安静地履行着例行的行政义务，比如上埃及俄克喜林库斯（Oxyrhynchus）的头面人物，就期冀着皇帝"神圣的好运"会很快让一切回归正轨。

文治生活的坚固基石仍然稳固。但危机却导致了一个直接后果：罗马世界再也不会像马可·奥勒留时代那样，由不做质疑的保守人物组成的封闭圈子来统治了。

这是因为，拯救罗马帝国的是一场军事革命。很少有一个社会能有如此决心着手切除其上层阶级中的朽木。在 260 年左右，元老贵族们被排除于军队指挥之外。贵族们不得不为出身行伍的职业军人让路。这些职业军人重塑了罗马军队。笨重的军团被拆解为小规模分遣队，以提供更为灵活的纵深防御来应对蛮族劫掠者。边疆的分遣队身后，则有一批骄人的新型打击力量作为后盾：由重装骑兵组成的皇帝"亲兵"（comitatus）。这些转变使军队规模倍增，并使军费扩大了不止一倍。这支约 60 万人的军队，是古代世界见证过的规模最大的单支军队。为了满足其需求，皇帝又扩大了官僚体系。到公元 300 年，民众们抱怨道，由于皇帝戴克里先（284—305 年在位）的改革，"征税人比纳税人还多"。如下章所见，增税的压力无可逆转地铸成了 4、5 世纪罗马社会的结构。

当时的保守平民以不理解的敌意来看待 3 世纪晚期的军事革命；一些现代古典学者对它的评价也因此好不到哪去。但它是罗马治国之道的最佳成果之一。依靠他们的"新模范军"（New Model Army）[①]，伽利恩努斯（Gallienus）在 258 和 268 年彻底击败了在南斯拉夫和北意大利的蛮族；克劳狄二世在 269 年平定了多瑙河边境；奥勒良在 273 年横扫东方诸行省；而伽列里乌斯则于 296 年打破了波斯的威胁。

那些在旧时代地中海贵族眼中如此粗俗的多瑙河行省出身的士兵和官员，一跃成为 3 世纪晚期、4 世纪早期光复帝国的英雄。正如其中一人所说："我列身行伍二十七年：未曾因劫掠或喧嚷而上军事法庭。我历经七战，从未藏身别人背后，作战中亦

[①] "新模范军"是 17 世纪英国内战期间议会派的军队。它并不是某一地区的驻军，而是在各地执行任务，其士兵与军官也完全由职业军人组成。

不逊色于人。兵长则从未见过我犯错。"① 军队是天才的不竭源泉。到3世纪末,军队官员和管理者们已经从传统贵族手上夺取了帝国的控制权。这个时代的大改革家戴克里先皇帝,是达尔马提亚(Dalmatia)一名被释奴的儿子;他提名的继任者伽列里乌斯(305—311年在位)曾在喀尔巴阡山牧牛;他的另一位同僚"白面者"君士坦提乌斯(Constantius Chlorus,305—306年在位)则是来自纳伊索斯(Naissus,今尼什[Niš])的默默无名的乡村士绅。这些人的通往权力之路,就如同拿破仑的元帅们一样引人注目又理所应得。他们以及他们的后继者也会选择出身背景接近的侍从。猪屠户、小镇文员、公共浴场更衣室侍者的儿子们,成了大区总长(praetorian prefects)。君士坦丁和君士坦提乌斯二世治下帝国东部的繁荣与稳定,都有赖于这些大区总长们。

君士坦丁的统治,尤其是324至337年间,见证了一批新的"侍从贵族"(aristocracy of service)最终稳定在罗马社会的顶端。他们是领薪水的官员,薪资以新发而稳定的金币"索利多"(solidus)支付。在4世纪,这种堪称"中世纪的美金"的金币,在那个急剧通货膨胀仍在肆虐的社会中,享有如现代美元一样的巨大购买力。皇帝侍从在军队和官僚体系中的地位,给了他们大量机会在食品上牟取暴利。正如一个同时代人所写:"君士坦丁首先将行省

---

① 《老兵尤利乌斯殉道记》第2章第1节。原文是:in annis XXVII numquam tamquam scelestus aut litigiosus oblatus sum iudici. Septis in bello egressus sum, et post neminem retro steti nec alicuius inferior pugnavi. Princeps me non vidit aliquando errare。

开放给他的密友；君士坦提乌斯二世则让他们吸尽行省的精髓。"①

在君士坦丁312年归信后，皇帝及其廷臣中的多数都是基督徒。基督教在4世纪之所以如此轻易地控制了罗马帝国上层阶级，是因为这场革命已将皇帝的宫廷置于"新人"社会的中心。这批新人很容易就会为支持自己主君的新信仰而放弃传统保守的信仰。

新的上层阶级也带来了自己的印记，提示着人们他们利落的军旅出身。所有的官员都穿着制服；甚至雕像中的皇帝都不着托加，而穿戎装。这种戎装就是多瑙河边境线上一种简单得粗暴的制服：圆形小头盔、用蛮族工艺制成的肩部别针束起的长袍，以

图14（左图） "白面者"君士坦提乌斯，君士坦丁的军人父亲。来自阿拉斯博物馆（Arras Museum）的博兰币藏（Beaurains Treasure）的金币

图15（右图） 帝国的复苏。"白面者"君士坦提乌斯在296年驾临伦敦："他为我们带回了罗马的永恒之光。"在西部诸行省，城镇的安全取决于这种带领精锐重装骑兵队的皇帝驾临。来自特里尔的金质纪念币复制品

① 阿米亚努斯·马尔凯利努斯《历史》第16卷第8章第12节。原文是：proximorum fauces apervit primus omnium Constantinus, sed eos medullis provinciarum saginavit Constantius。

图16 "中世纪的美金"：君士坦丁（306—337年在位）的一枚索利多金币。有意与粗犷的戴克里先区别，君士坦丁被刻画成一位文治英雄：眼睛扬起，轮廓古典。尼科美底亚铸币场

及一条沉重的嵌物腰带。行省的拉丁俚语也无法抹杀地留在了官方用语中：古典时代的罗马人应该会把新的金币称为"奥里乌斯"（aureus）[①]；但实际上，没人不称它为"索利多"（solidus，意思是"坚挺稳定的"）。

就这样，一种与帝国传统贵族相去甚远的要素终于在统治阶级之中站稳了脚跟。但是将这些人推向高位的社会流动，却并不是对人一视同仁的，也并不拥抱罗马社会的所有人。例如在东方，君士坦丁堡是一处孤立的变革旋涡，它的潮流只会慢慢逐渐影响行省的传统上层阶级群体。希腊演说家利巴尼俄斯（Libanius）在341/342年不得不在讲拉丁语的士兵面前演说，而这些士兵的参与让他感觉"我像是在演哑剧一般"，因为他们听不懂他古典的希腊语。但利巴尼俄斯将会退而来到像尼科梅迪亚（Nicomedia）这样的行省城市中，找到意气相投的同志。在这里，他仍能找到"出身良好之人"，以及"爱缪斯的人"。

[①] 从公元前1世纪初开始铸造的罗马金币，词源是aurum（金）。

图17—20 新罗马人。来自多瑙河行省的一位4世纪官员。他的奴隶给他拿来裤子（图18）、带针的长袍（图19）和嵌珠宝的军服腰带（图20）。一处位于保加利亚西利斯特拉（Silistra）的墓葬湿壁画

因为，在宫廷与军队熙熙攘攘的世界之外，罗马世界中那些变化缓慢的传统主义要素还是存续了下来。大地主们继续积累着大型地产，而古典教育体系仍在生产着以保守方式文饰的年轻人。一如单拱的对立拱顶，皇家侍从们的"新"集团也和根基更深、更面向过去的受教育上层阶级群体对立起来了。这些上层阶级的吸纳能力和创造力都很惊人。例如4世纪末富有的罗马人们，他们的祖父辈还在犯下那些被刻在君士坦丁凯旋门上的新暴行，而他们已经在赞助精致的新古典式象牙工艺，并且比他们的多数先人都了解更多的拉丁文学了。

古老的古典教育为这两个世界提供了桥塔。这种被用心吸收的文化，造就了一种新人可以合并进来的错觉画（trompe l'oeil）。如一位行省长官坦言："我父亲是一个贫穷的乡下人；现在，凭借我对文学的爱，我已过上了绅士的生活。"4世纪古典文化中，有

很大一部分是"成功文化"（success-culture）：其最特异的产品是仅有 30 页的"简编"（breviarium），一种给帝国新统治者的缩略版罗马史。

然而，正是这群更为流动的上层阶级的自觉的努力——想要在过去中重获根基、达成凝聚力的稳定基础——造就了古代晚期世界一些最为精美而令人愉悦的产品。新的元老们资助生产工艺精细的奢侈品，以强调他们的地位与团结一致。他们用银质婚柜来彰显自己的世系联姻（如藏于大英博物馆的爱斯奎林妆匣 [Esquiline Casket]）；他们用新古典式的纯象牙刻版来向朋友宣告重大场合（如维多利亚-阿尔伯特博物馆藏的"尼科玛基"对幅 ['Nicomachi' diptych]）。在这些对幅上，他们用了一个繁复的徽章来标榜自己出任了执政官，这个徽章强调了这个头衔的光荣和古老，而不是拥有者新近赢得的功绩。但他们之间交换的最为传统而精雕细刻的制品，却无疑是书信。这些书信如同帝制中国官员的拜帖一样，辞藻华美而空洞。4至5世纪是大规模书信集的时代，而其中多数不过是罗马世界统治阶级的精美账簿，用来记录他们无休无止地争夺特权和影响力时非常现实的得失而已。

新的统治阶级需要学者，反过来，学者也来充任官僚，并偶尔掌控着宫廷。来自波尔多的诗人奥索尼乌斯（Ausonius，约公元310—395年），成了西部帝国的影子主宰（éminence grise）。而来自阿非利加的塔加斯特（Thagaste，今苏格艾赫拉斯［Souk Ahras］）贫穷人家的年轻人奥古斯丁，也可以在30岁（384年）时出任米兰的修辞学教授，并打算在自己生涯的下一步出任行省长官并与地方贵族构建同盟。在帝国的希腊部分，传统学者和新官僚的混杂则是决定性的。在一个像海绵般吸纳天才的官僚机器中，唯一的稳定的焦点就只有这些共同拥有统一且面向过去的文化的人。需要在君士坦丁堡用古典希腊文学仔细装点的行省人持续不断地流入，使拜占庭的统治阶级感受到如磨坊引水槽的水面那样的虚幻的平静。这些行省人成了长期公务人员和行省长官的来源。正是他们将在今后的千年书写拜占庭的历史。他们的文化极度统一，以致他们最后的代表，即使在15世纪末奥斯曼苏丹治下，仍在用修昔底德的方式书写自己时代的历史。

关于这一新的上层阶级，有两个特点值得强调。第一，在更为露骨的仕途至上论（careerism）之外，确实有建立精英阶层的努力。古代晚期的古典文化犹如一座高耸的金字塔：它收束于"贵族化"（aristocratization）和制造"以高于普罗大众的习惯性

图 21（右图） 古典的文艺复兴。这块象牙浮雕庆祝四世纪晚期一位异教罗马元老叙马库斯（Symmachus，见本书 130 页）一位女儿的婚礼

图 22（下图） 一位 4 世纪贵族的婚礼。这对夫妇或许是基督徒，但这一场景则确实且有趣地是异教风格的。塞坤达和普罗耶克图斯（Secunda and Projectus）婚礼妆匣盖的细部

训诫培养成的"人。人们通过用心吸收古典文学的标准并模仿古代英雄的行为索求着一种稳定性，这种确定感在无意识地参与传统生活方式时再也无法获得了。他们痛苦地认识到，他们的诸多鲜花都是嫁接在粗朴的砧木之上。只有一丝不苟地致力于达到古人的完满状态才能拯救人们，才能让人们解脱于传统的限制和他们自身。"叛教者"尤利安（Julian the Apostate，公元361—363年在位）发自内心地相信，他的兄长伽卢斯"陷入野蛮"，而他本人则得到了给予他高等教育的诸神的"拯救"。因此，异教徒和基督徒会在整个4世纪如此充满仇恨地彼此争斗，就不出人意料了：真正的教化（paideia）究竟是文学还是基督教？因为双方都希望被教化拯救。最高的理想型是像对待一尊雕像一样用古代经典雕琢打磨自己的人。这样的人会在他的石棺上被刻画成安静地注目于一本打开的书的形象——一个"属于缪斯的人"和古典文化的圣者。很快，这样的形象就会变成圣徒：基督教主教与打开的圣经、得道的传福音者伏于他的书页之上，这些刻画都是古代晚期文士肖像的直接继承者。

第二，无论金字塔多么高耸，其底部却总是开放的。在整个4世纪，教育这一职业都是一片特别具有流动性的领域。因此，古典文化的理念持续不断地受到新来者的热情的供养。君士坦丁革命性的"归信"（conversion）基督教并不是这个转变的时代中唯一的归信：还有很多更为沉默但同样热切的向传统文化和向旧宗教的归信。戴克里先皇帝以一种宗教式的热忱支持着罗马的传统主义，而尤利安这一希腊文化的"新贵"（nouveau riche）亦如

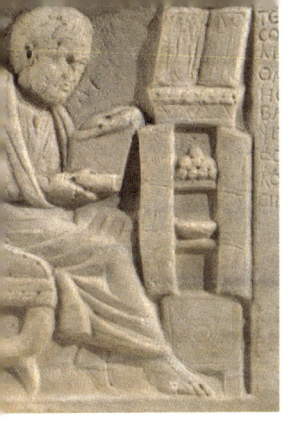

图 23（左图） 坐在教师椅（主教座 cathedra 的原型）上的文化人，以及满是古典文学书卷的柜子。罗马浮雕

图 24（右图） 从文化人到传福音者。《查理曼福音书》（Gospel of Charlemagne）中的圣马太（Matthew），亚琛，早于公元 800 年

此。在晚期帝国，正如一种旧制度动摇之后通常出现的那样，人们确实感受到了天赋和创造力的突然释放。有能力者兴起了潮流，他们身上贵族偏见的包袱更轻也更渴望学习，而这股潮流则维持了一种活跃而不安的基调，这种基调使古代晚期的知识界氛围与古代史上其他时代截然不同。例如在基督教父（Fathers of the Church）之中，只有安布罗修（Ambrose，约 339—397 年）出身于元老家族。能在帝国最高层的社群中留下印迹的人们，都是从偏僻小城走上成功之路的：普罗提诺（约 205—270 年）出身于上埃及，奥古斯丁（354—430 年）出身塔加斯特，哲罗姆（约 342—419 年）来自斯垂敦（Stridon），而他则很高兴再也不用看到它；金口若望（John Chrysostom，约 347—407 年）出身安条克的教士职位。① 这种流动性将止于何处？不像帝国官僚体系和教育系统那么保守的机制，会不会更有效地控制它？而它的催化又将为地中海城市中存在已久的哪些令人不安的理念开辟道路？但现在，让我们先考虑"得到恢复的"罗马帝国社会，这新旧要素的独特混合体，如何稳定下来并享受相对安全的一个世纪。

---

① 原文如此，德译本的解释更准确，若望的父亲在安条克担任东方副官（comes Orientis）但很快去世，若望本人则长期担任诵经师。

3. 恢复的世界：4 世纪的罗马社会

到了 350 年，在整个帝国中新形成的统治阶层认为，他们自己生活在一个秩序得到重建的世界："时代的恢复"（Reparatio Saeculi）是他们在钱币和碑铭上最钟爱的箴言。4 世纪是罗马在不列颠统治最为兴盛的时期。皇帝们刚刚平定莱茵兰地区，一群新的贵族就如雨后春笋般在高卢兴起了：像奥索尼乌斯这样，能记得自己的祖父因 270 年蛮族入侵逃难而死的人，在此时创立了将延续两个世纪的地产财富。在阿非利加和西西里，一连串华美的马赛克画表现着大地主们的幸福的生活，这种生活自 3 世纪到 5 世纪并无明显的中断。

强调这场 4 世纪的复兴很有意义。古代晚期宗教与文化的急剧转变，并非发生于一个灾难阴影之下的世界。实际恰恰相反：应该把它们放在一个富饶并且适应性强得惊人的社会的背景下看待，这些变化达成了一种平衡，并实现了与古典罗马时代截然不同的一套结构。

不论对当时人还是对历史学家而言，这个社会最显眼的特征，就是贫富差距不断拉大。在帝国西部，社会与文化由一批元老贵族所支配，而这些元老平均而言要比 1 世纪的元老富有 5 倍左右。在其中一位元老的墓中，工作人员发现了"一堆金线"：这些都

图 25（右页图） 新的富丽堂皇。君士坦丁一位女儿的斑岩石棺细部，约公元 350 年
注：这是君士坦丁娜（Constantina）的石棺，现藏梵蒂冈博物馆庇护-克莱门丁馆希腊十字室（Sala a Croce Greca, Pio-Clementino）。

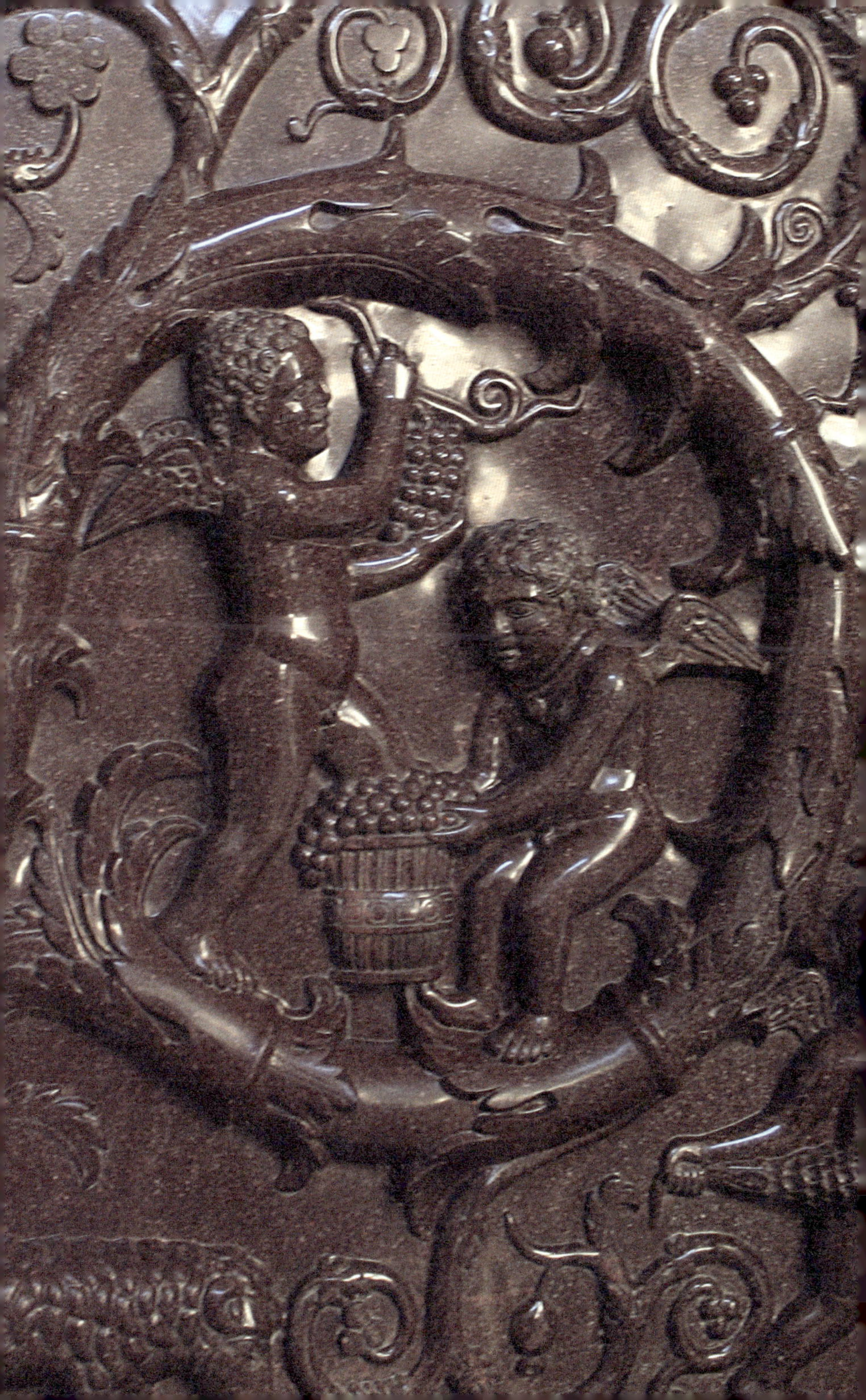

是一位4世纪典型罗马富翁的所有物。这位墓主人是佩特罗尼乌斯·普罗布斯（Petronius Probus），"他的资产遍布整个帝国。是否是不义之财，就不是我该说的了。"[①] 一个与他同时代的人在论及他时，如是写道。

适用于贵族的也适用于晚期帝国的城市生活。小城镇急剧萎缩：例如在奥斯提亚，4世纪贵族豪奢的居所建在2世纪工匠的楼房的空荡街区之上。但帝国的大城市则维持着奢华的生活方式和高人口。君士坦丁堡的迅速成长展现了这一点：建立于324年的君士坦丁堡，到5世纪时就有了4388栋私人豪宅。总之，地中海世界的财富似乎被抽到了顶部：罗马元老的年收入可达12万金币，君士坦丁堡的侍臣则能赚到1000金币；但商人的年收入则只有200金币，农民每年则只有5金币的收入。

税收是这一转变最重要的原因。到350年，土地税在人们的记忆中就翻了3倍。这笔税金达到了农民总产出的1/3强。税负不容更改，且分配非常不均。没什么能更清晰地表现出罗马帝国的两个无形敌人无法避免的胜利了，这两个敌人就是时间与距离。税赋估算是认真的；但在如此大的社会中，足够完整而频繁的税赋估算是不可能的。因此，人们要减轻税负的唯一方法就是逃税，让比较倒霉的人来弥补这些亏空。皇帝们认同了这点。他们偶尔会以特别举措来减轻税负，如颁授特权、免税令和取消坏账。但这就像安全阀释出的蒸汽流一样，虽然令人瞩目，但根本

[①] 阿米亚努斯《历史》第27卷第11章第1节。

不会重新分配负担本身。因此，在帝国的西部行省，皇帝能索取的财富暗中缩减并转入大地主之手，而小人物的财产却在征税人无止无休的索求下被碾成了齑粉。无怪乎基督教赞美诗《震怒之日》(*Dies Irae*)中，最终审判的降临是以晚期罗马税务官到来为模板构思的了！

然而，一个处于压力之下的社会并不一定是压抑或僵化的社会。正如我们所见，4世纪早期的社会面对包括人、专业技能和理念的从下往上的潮流，是异常开放的，而公元200年左右的更稳定的世界却会把这些贬低为"低下阶层的""蛮族的"或"行省的"。

新贵族们通常有着深厚的地方根基。到了4世纪，多数"元

图26 城中巨擘。一位执政官在罗马的凯旋游行；出自4世纪罗马的尤尼乌斯·巴苏斯巴西利卡会堂

注：这种从共和国时代就已举行的游行称"竞技游行"（pompa circensis）。在官方竞技开始前，由负责的政务官带领显贵子弟、骑士和运动员以及舞者、歌者、祭司和诸神雕像从卡皮托山，经过市政广场，沿图斯库道（Vicus Tuscus）走向大赛车场（Circus Maximus）。

群众

图 27（上方跨页图） 获得君士坦丁的慷慨捐赠。在 4 世纪，皇帝和官员出资分派很大程度上取代了由私人个体出资的公共建筑（对比图 3）。罗马君士坦丁凯旋门（Arch of Constantine）细部

图 28（左页中图） 观看马车比赛。像这样人山人海的场面，尽管遭到基督教主教们的谴责，但仍呈现着地中海的城市生活仍然继续着，并将一直存续到 6 世纪。突尼斯加夫萨（Gafsa）的马赛克画，公元 5 世纪

老"从未见过罗马城。相反，他们是自己社群的领袖，而他们的仕途生涯从未使他们远离自己的根基。他们在自己受委任来治理的那些行省中，已经是重要的地主。他们造访的城市、居留的庄园，就是他们度过私人时间的场所。这一体系或许会造就视野更狭隘的人（虽然帝国社会史上早已有这一进程的预兆），却确保了统治阶级的影响力能够深入行省社会的最底层。正是因为大地主确保了他们的农民会按要求行事，税收和征兵才能完成。正是

图 30（右页下图） 被从外部世界精巧地隐蔽起来的宫殿。拉文纳圣亚珀理纳利新堂（Sant' Apollinare Nuovo），公元 6 世纪

图29（右页中图） 阿非利加的乡村庄园。与古典时代无序延展开的单层庄园不同，这种庄园设有塔楼和一层不开门的底层，因此在面对入侵时可以当城堡用。人们越来越指望大地主为他们的佃农提供此种保护。突尼斯塔巴尔卡（Tabarka）的马赛克画，公元4世纪

这些地主在法庭中代表普通人出庭。地方的大人物会公开地坐在法官身旁，调节社群中的事务；此时，只有他们站在下层阶级与征税人的恐怖之间。在 2 世纪和 3 世纪初一度常见的现象——农民引人注目地直接向皇帝宫廷陈情，在此时消失了：在晚期帝国，所有确保保护和申冤理枉的尝试，都必须通过一位被称为"恩庇主"（patronus，如法语的 le patron）的大人物，由他在宫廷施加影响。中世纪的"主保圣人"（patron saint）在遥远而令人敬畏的天庭代表仆人而施加干涉的概念，正是罗马晚期生活这一基本事实的投射。

这些纵向联系绝非总是不堪忍受。极少或者根本没有晚期罗马人认为他们的社会能以别的方式运作：只有持续的人与人之间的关心的温暖与对特定个人的忠诚，能够跨越帝国漫长的距离。而大人物则成了极大的忠诚的焦点。例如在罗马，当地居民重新取得了自共和国以来久已失去的影响力：如今供养了这座城市的是他们，而不是皇帝；在晚期帝国的图像中，举办游艺竞赛、以长官身份公开亮相、甚至在自家休闲的贵族们，此时身边都会有一大批拥戴他们的群众。

晚期罗马社会的影响方向不仅是自上而下的。新精英们格外开放。例如这一时代光辉的新艺术，就是自认摆脱了前代人限制的手工艺者和资助人们的成果。在 3 世纪晚期，大规模生产的标准化的古代艺术品，无论是在石棺上、描摹式的马赛克画上还是陶瓶上，都已告终了。现在，人们拿起了手边的题材。地方工匠将早已在自己行省出现的无拘束的新传统，自如地带到了大人物的房屋中。4世纪马赛克画和雕塑的活力与表现力，展现了晚期罗马文化多大程度上归功于一种有益的脱节，以及对地方根基的不断强调。

总之，4世纪的社会表现出了双重的运动。在顶层，财富逐渐内向化，社会金字塔的顶端在增高。这解释了晚期罗马和古典社会之间最为显著的差异：城镇生活水准的差异。我们对2世纪城镇生活那不可思议的活力的印象，反映了罗马上层社会发展的一个确切而短暂的阶段。在当时，一群地位大致相同、彼此熟知的富人为了威望而竞争，竞争方式则是在家乡建筑、雕塑和类似的昂贵而宏伟的陈设上一掷千金。到了4世纪，争夺地位的战争已经告一段落：皇帝所赐予的职位和头衔，而非家乡的公共设施，才能使人高人一等；因此，大规模的私人建筑项目走向衰减。为了理解一座4世纪城镇的公共生活，我们必须离开市政广场和公共空间，来到城郊和邻近的农村。在那里，我们会置身一个马赛克步行道的世界，这些步行道如东方的地毯般奢华，而晚期罗马城镇的上层居民借此展现了他们从未消退的豪富。这一时代典型的产品是豪宅和乡村庄园。例如在奥斯提亚的豪宅，每一栋都自成一世界：帷幕遮住的拱廊、多色大理石覆盖的墙壁、地面上五彩缤纷的马赛克画，都创造了一种奢华的亲切氛围。即使是水管系统的进步也是用来为私人浴室提供新的奢侈品的。总而言之，这是一个更为私人而不那么热衷于公共的世界。在这些豪宅中，人们会感受到友谊和受庇护的学术的生根发芽，才智和宗教的古怪在女性空间中的发展，比前面时代"夸富宴"（pot-latch）式的公共状态重要得多。

另一方面，更为地方化的生活意味着，罗马文明的某些特征比以往扩散得更远了。从波尔多到安条克，地方贵族同等地参与帝国政府：罗切斯特（Rochester）和多塞特（Dorset）的马赛克画中展现的生活方式，与安条克和巴勒斯坦的乡村绅士别无二致。更下一层，更卑微的行省人终于开始自认是"罗马人"。"罗曼"语（"Romance" languages）的发展及因此而来的凯尔特语在高卢和西班牙的消退，不应归因于古典罗马帝国；其发生是因为4、5世纪讲拉丁语的地主、征税人和主教们持续不断的影响。

许多行省在3世纪以后才第一次完全参与到罗马帝国之中。在"恢复的时代"出了军队和皇帝的多瑙河诸省，带着热情进入了罗马式生活：这些行省又造就了狂热的罗马传统派，英明的行政官员，以及强硬而勇敢的异端主教。

即使是蛮族世界也受到这一发展的影响，因为地中海世界和帝国的军事前线之间已不再有经济与文化的缓冲堤（glacis）。在莱茵河与多瑙河沿岸，富庶的庄园和恢宏的皇帝行宫诱人地与中欧不发达的乡野比邻而立。在一些地方，罗马帝国的边界则因缓冲堤的抬升而更加强化了。一般的罗马人比以前更强烈地感受到，自己独立而团结地存在于一个充满威胁的外部世界对面；在帝国内部的每个人都可以算作"罗马人"（romanus），而帝国本身现在则被称为"罗马国"（Romania）。但在莱茵河中游沿线，行省文明扩张到了边境这件事造就了罗马人与蛮族人危险的共生关系：来自黑森林、威胁着高卢的阿拉曼尼人（Alamanni）在一些方面已经是个次罗马社会；战士们生活在罗马式的庄园中，并和在科隆、美因茨和斯特拉斯堡监视他们的罗马官员一样，佩着沉重的腰带和繁复的胸针。

比起过去，4 世纪的罗马文明中，得以表达自我的群体变得更广泛了。在东方，从希腊化时代开始就一直沉默的行省，突然成了天才的温床。通常被当成落后地区的卡帕多奇亚，培养出一个接一个的天才主教——最著名的是"卡帕多奇亚教父"（Cappadocian Fathers），凯撒里亚的巴西略（Basil of Caesarea，约 330—379 年）、尼撒的格里高利（Gregory of Nyssa，约 331—396 年）和纳西盎的格里高利（Gregory of Nazianzus，329—389 年）——并让满腔热忱的年轻人充满了安条克的古典讲坛。埃及，这片曾有意被贬抑为罗马帝国偏僻一隅的地区，迅速成就了自我：上埃及的农民们创造了一种全新的修道文化，而与此同时，其城镇则出产着一连串有天赋的希腊语诗人。

当然，罗马统治拓宽的最决定性特征，是对新的罗马人来说，罗马帝国本身开始有了不同的意义。以前忠诚的焦点长久以来已经被认为过于抽象，或者过于遥远。对元老院的怀念，在一个虽然很善于表达，但也很受局限的圈子之外意义不大；而在拉丁世界以外，人们对罗马城也并无崇拜。戴克里先及其同僚等拉丁皇帝表明，一个人即使一生只去过一次罗马城，也完全可能是狂热的"罗马人"。在讲希腊语的东部，很明显帝国就是皇帝。"朕即国家"（L'état c'est moi）：古代晚期皇帝本人的重要性的自然而然的提升，其背后正是这一概念。帝国东部的行省人是热情的"罗马人"。他们将在之后的 1000 年内称自己为"罗马人"

图31（左图） 皇帝的存在。皇帝骑马驾临（如同在图15中），由一位舞蹈的胜利女神引路，由基督教的chi-rho徽记保护。这面非写实的银盘是一份皇帝御赐的礼品，表现着君士坦提乌斯二世的形象，传达着皇帝始终在其臣民身边的信息

图32（右页图） 在一处晚期罗马庭院中，皇帝肖像挂在总督身边、高台之上，而民众则在喊出自己的请求时也向着它们行礼。见于《罗萨诺福音书》(*Rossano Gospel*)，6世纪

（Rhomaioi）；而在中世纪的近东地区，拜占庭帝国一直被称为"罗马"（Rūm），而基督徒则被称为"罗马人"（Rūmi）。但行省人并不是通过元老院或公民机构的脆弱礼节，而是通过在皇帝本人的雕塑和图像前屈膝来直接感受忠诚的。皇帝庄严的姿态和深究的眼光，为行省人带来了那唯一一个，以"不停而多面的关怀"拥抱"罗马国"所有居民的人。

帝国东西两部的一大重要区别，体现在忠诚的区别之上。在东部，帝国的参与者更多，其中富有的人也比西部更多。因此，对皇帝的热情在东部帝国扎根更深，并且采取了这种更无拘束的大众化的形式。

自从罗马共和国征服以来，西部的大片地区一直大体是农业地区，并且发展相当不足。如此原始的经济支撑不住长达一个世纪史无前例的税收带来的复杂后果。到了5世纪，西部的财富已如滚雪球般滚进了几个大家族手中：元老寡头集团在每个行省中成了普通人和帝国政府的中介。在东部，贸易更为重要，地中海

腹地规模虽小但能存续的城市数量激增,因此得以保障一个更为平衡甚至更为平等的社会。一座希腊城市的当地地主可能非常富有而保守,但当高卢和意大利落入五六个大家族之手之时,仅在安条克城就至少有10个家族为影响力而竞争。希腊城市巨头的收益仍然局限于他的当地,而城市本身则仍是他精力的焦点。希腊的"行善"(euergesia)概念——大家族向社群竞相表现自己善行——的生命力惊人地强韧。5世纪中叶的一位主教在被指控为异端时,就会本能地以这个传统来为自己辩护:地方名人有什么可反对他的?他难道没有建造引水渠和公共拱廊来装点城市么?这种非常平衡的绅士阶层从未被势力过于庞大的地主们盖过风头或者震慑住:他们为在君士坦丁堡的行政部门源源不断地提供了受到良好教育而且精明强干的公务人员;在整个晚期罗马时期,他们都在用雕塑、碑铭和教堂装点自己的城市,而考古学家们近来才在土耳其开始发现它们是如此丰饶。

除此之外,小亚细亚、叙利亚和埃及的农民与西部行省那些受到胁迫和排挤的农奴区别甚大。这些农民可以在城市把粮食卖出足够好的价钱，来支付地租和赋税。因此他们也能满足政府的要求，而不必在大地主的地产上像羊一样受到管理。在5世纪中叶，帝国两大部分的气氛的差异，很大程度上是由于小人物们角色的不同。被税收和高昂地租激起的农民起义威胁高卢之时，叙利亚北部的农民们却可以在乡村建起可观的石质房屋（如今只有寥寥几个游牧者容身其中）；巴勒斯坦的佃户们维持着一套水利系统，将加利利湖和南地（Negev）变成一片由多彩的马赛克步道连接的花园；埃及的农民则正在底比斯区（the Thebaid）的大型修道院营地中为他们顽固的独立与创造力找到表达方式。西欧和东地中海的分道扬镳这一古代晚期世界最重要的直接遗产，要追溯到这些低端而坚实的差别。

4至5世纪的两座城镇最近得到了发掘：（临近罗马的）奥斯提亚，以及以弗所（今土耳其爱菲斯［Efes］）。学者们都惊讶于这两座城市里建筑和城市生活遗迹中所体现出的旧世界的韧性。奥斯提亚的马赛克画可能为中世纪艺术指明了方向；但它们也同样与1世纪庞贝和赫库兰尼姆（Herculaneum）的多彩传统紧密相连。正如晚期罗马帝国的很多现象一样，只有视觉错位才会让它们看起来与古典世界完全无关。古典学者们太过专注于罗马帝国的第一个世纪，以致他们倾向于忘记，在从图拉真到君士坦丁之间的两个世纪内，古典艺术，以及公共生活的古典形式，发生了漫长而安静的转型。

有两个特征在此前任何时代都不会出现。两座城镇都有着一系列风格化的雕塑,其凝滞不动的特征与扬起的双眼表露了对内在生活和超自然的新关切。两座城镇都有着大型基督教圣殿。这两个特征提示我们,无论4世纪"恢复的时代"的人们对新的政治和社会状况适应得有多好,地震般的宗教与文化转变都确确实实地将他们与200年的古典世界分开了。为了理解这些转变,我们必须回首马可·奥勒留的时代;我们必须把握体验的不同方面;甚至必须考虑罗马社会的不同区域,才能追踪2、3、4世纪在知识分子和宗教领袖之中,以及在地中海大城市普通居民的希望与不安之中发生的宗教转变。

图33 一座罗马晚期的城市:4世纪的安条克。《豪情女神狩猎图》(*Megalopsychia Hunt*)马赛克画细部

图 34（左图）、图 35（右页图）
新风格。地方工匠和他们的赞助人都毫不犹豫地抛弃了古典品味准则。他们更喜欢以有力而抽象的画风描绘人物（例如 4 世纪北非塔巴尔卡的墓葬马赛克画，左图），并且将童话的元素带入了古典神话老套主题之中（例如 5 世纪巴勒斯坦一处人行道上的俄尔甫斯与野兽镶嵌画，图 35）

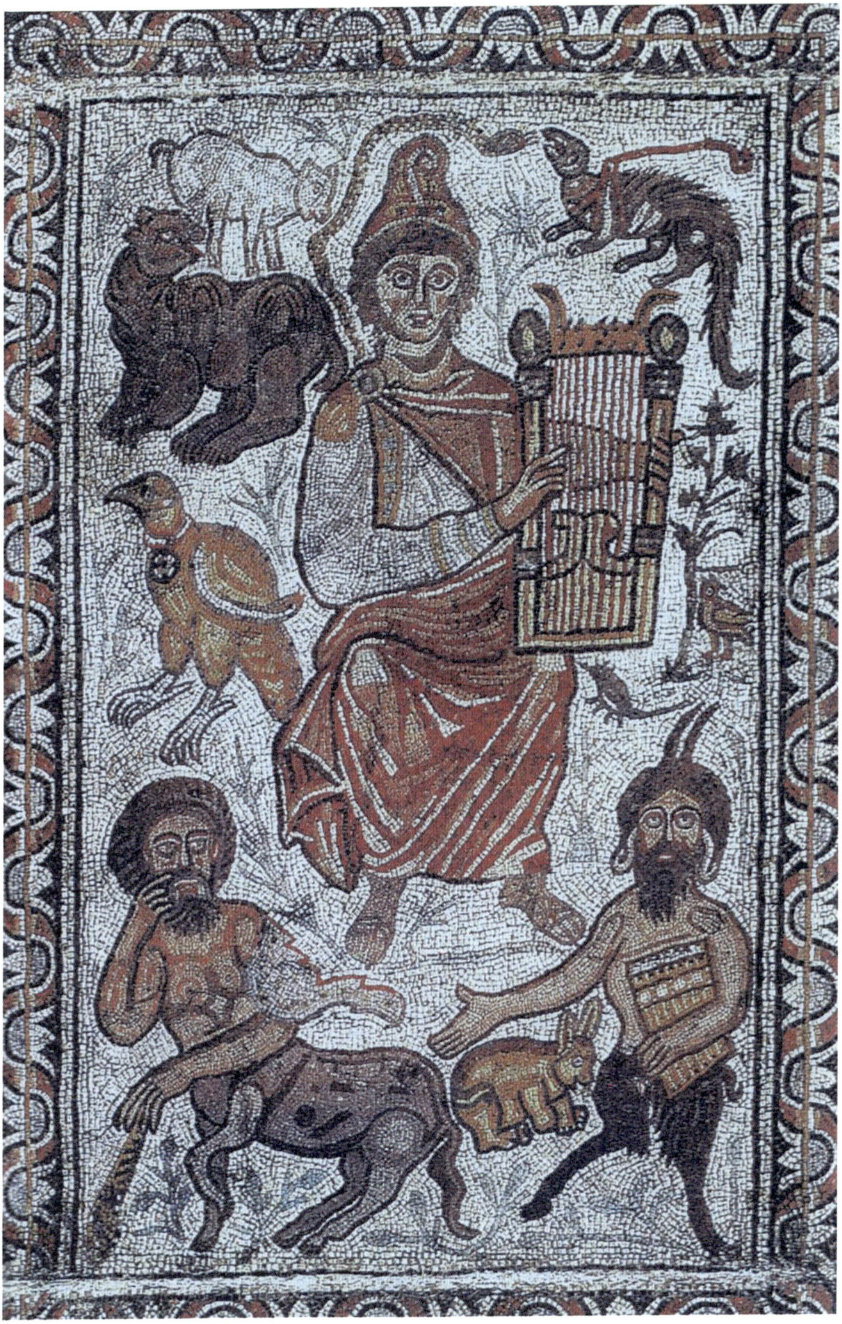

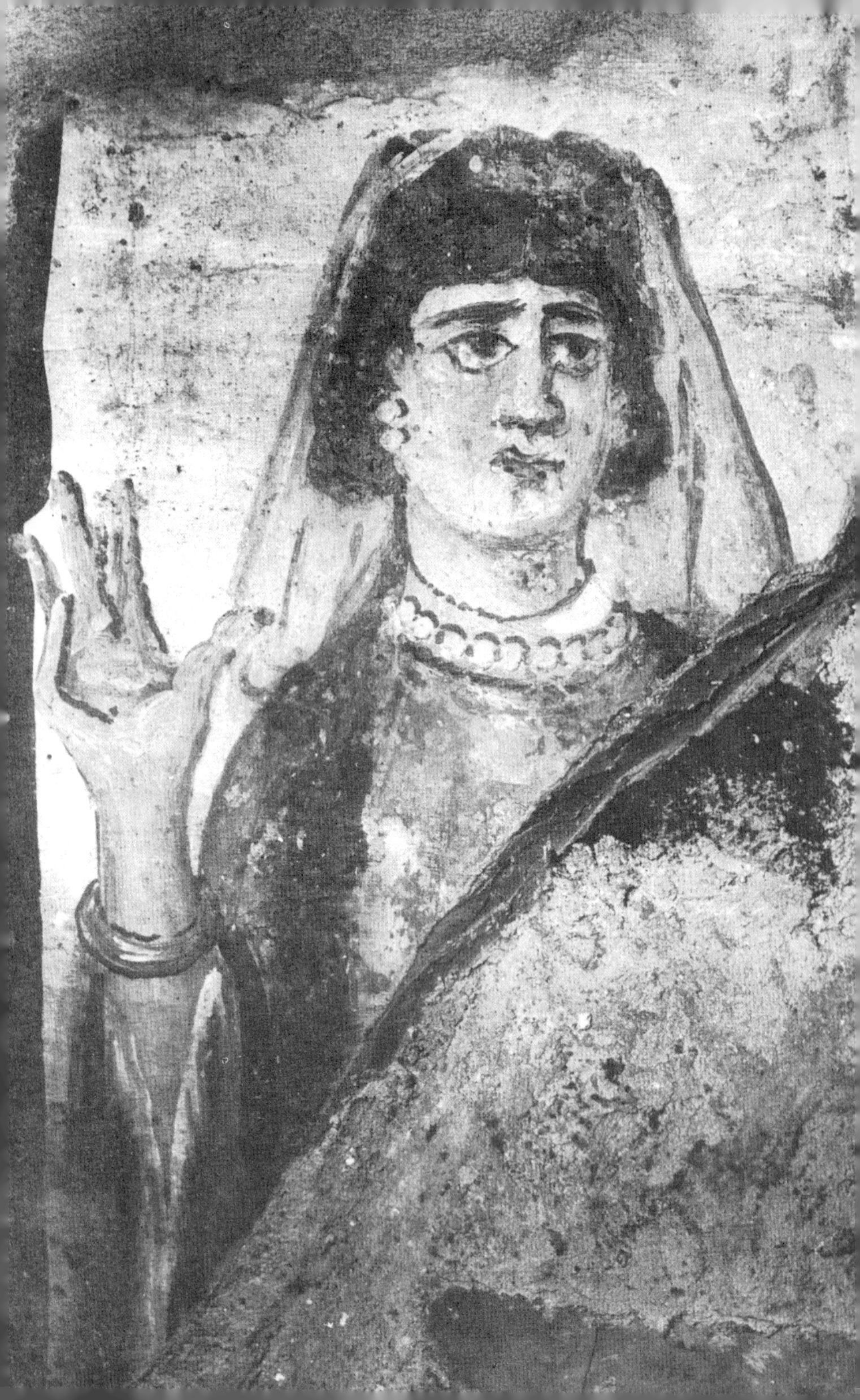

第二章

宗　教

1. 新情绪：宗教思想的诸方向，约 170—300 年

历史学家常危险地忘记，研究对象在很多时间里都是睡着的，而在睡着时，他们也会做梦。但一位希腊演说家埃里俄斯·阿里斯提德斯（Aelius Aristides，118—180 年）为我们留下了一篇关于他梦境的详尽叙述。他把这些梦记下来写成了《神圣传奇》（*Sacred Tales*），因为这些梦主要是关于阿斯克勒庇俄斯神的显灵。这些梦有的关于宗教恐怖，有的则关于狂喜。阿里斯提德斯确信，他被神祇选定了，而他清醒时的生活则是一部"神圣戏剧"（divine drama），每一步都在阿斯克勒庇俄斯充满爱意的照管的影响之下。

假如有必要，阿里斯提德斯的例子提醒我们，罗马帝国在繁荣极盛时对许多这样古怪的人都留有很多空间；我们处理的这个

图 36（左页图）　新情绪。"我要向山举目；我的帮助从何而来？"罗马的马西墨酒庄地下墓穴（Catacomb of Vigna Massimo）中一位过世女性的肖像，4 世纪

注：引文出自圣经《诗篇》121 首第 1 行。

社会中，压倒性多数的受教育者在对付生活的事务时，几乎从不诉诸哲学，更少诉诸科学，而总是求助于他们的传统宗教为他们提供的方法手段。

但同样重要的是，要注意到阿里斯提德斯热切的梦境生活丝毫也不会影响他决心作为一个保守而有教养的绅士过上成功人生。阿斯克勒庇俄斯只是帮助他渡过那些可能威胁他成功人生的"难关"。我们知道，阿里斯提德斯写作了一篇称赞罗马帝国好处的经典颂赞辞，也是基督教徒的刻薄敌人——"巴勒斯坦的人们对更好的存在缺乏尊重，从而如你所料的那样表明他们的不虔敬"[①]。

阿里斯提德斯仍然在传统的异教生活中感受到坚实的支持。但在他之后的一个世纪，一场转变即将到来。曾经展现出吸收异国与怪异之物的无限潜能的地中海丰富的宗教生活，却突然衰退了，不再是能让阿里斯提德斯之类的人悠然其中的传统模式了。许多人试图重新阐释他们的祖传宗教；一些人则成为基督徒，从而取得了"与过去道路的分离"。从约公元170年到君士坦丁皇帝归信基督教的公元312年的这段时期见证了宗教上的一场广泛而不安的运动。第一场基督教与受教育异教徒的书面论战此时打响：异教徒凯尔索斯（Celsus）在约168年写成了他的《真道》（True Doctrine），而248年亚历山大里亚的奥利金（Origen of Alexandria）则以长篇答辩回敬。在他们的教养良好的教学群体中，诺斯替教师们试图探测基督教中"真知"（gnosis）的深度（在埃及的拿戈玛第［Nag-

---

① 该句在书中与前后论证脱节。因此，这句描述可能是写本读者的评注，被抄入正文。

Hammadi〕最近发现了一批约 170 年写成的诺斯替著作的科普特文译本）。异教徒则将他们的焦虑铸造成短小的启迪文章的形式，比如埃及"三重伟大者赫耳墨斯"（Hermes Trismegistos）的启示文学。

将这些文献中流露的转变看作古典启蒙的衰落和迷信的兴起，是天真的论断。作为起点的安敦尼时期并不那么启蒙，也有着广为流传而颇有条理的迷信：许多根底深厚的成功的统治阶层成员都用这种迷信说服自己，他们生活的世界是尽可能好的。2—3 世纪常出现在钱币上的一句格言，概括了这种态度："诸神的预见"（providentia deorum）——诸神在看顾着我们。马可·奥勒留写道："诸神总在那里显示自己的力量。他们以自己非凡的方式帮助我们。他们给我们带来梦境、揭示神秘；他们为我们治疗疾病，并以神谕预言我们不确定的东西。"

有文化的异教徒仍然在自己的宇宙中自如自在。在哲学家们看来，宇宙由独一至高神统治，这位神灵不可描述，也因此"高于"一切。然而，传统信仰中的诸多神灵的辅佐却能在地上全权代表这位神。这些传统神祇被看作至高神的"辅佐之灵"：他们是至高神无远弗届的帝国里的行省长官。普通人对这些朴实的形象十分满意，而古典奥林匹斯诸神的装饰也仍然与他们相适。在古代世界的任何时期，普通人都不会像此时这样确定古典诸神的长相：在 2 世纪时，诸神以他们最模式化的传统形象，在大量制造的雕像、钱币和陶器上随处可见。

人们相信这些神祇是关爱着人类这一整体的，且尤为钟爱一些城市和个人。阿里斯提德斯的例子表明了人们有多么深切地期待着直接的个人关注。在整个罗马世界,城市与个人总会赋予古老诸神一切照管其崇拜者的机会:2世纪见证了希腊世界传统神谕圣所的显著复苏。

要得到关爱,就要遵从仪式,而这些仪式被认为和人类这个种族一样古老。要抛弃这些仪式就会引发由衷的焦虑与憎恨。每当地震、饥荒或者蛮族入侵表露出诸神的愤怒时,基督教徒就因无视这些仪式而遭到猛烈抨击。

总而言之,在这样的信仰系统中,人们可以感到自己置身于世界紧密编织的结构中,而这个世界则浸满了由来已久的诸神的关爱。人们会确信,自己父辈和同胞在故乡一直所做的事会毫无矛盾地与广大而包罗一切的完美宇宙相适。对宇宙中诸神活动的传统信仰呈现了一个格外统一而完满的外表。170年以后的"新情绪"(new mood)带来的思考与焦虑在此之上打开了裂缝。正是通过考察一些敏感人士的新关切,我们才能意识到这场宗教革命的本质,而正是这场革命使古代晚期成为古代地中海历史上一段独特而丰富的时期。

首先,个人越来越感到,自己在内心拥有着某种东西,它有无尽的价值,却与外部世界决然无关。在明显满足于公共活动的数代人之后,从人的内在体验流向外部世界的曾经平稳的水流似乎被切断了。熟悉的环境失去了温暖。传统的考量即便不是压迫性的,也至少变得无关紧要。马可·奥勒留观看世界时就已经像是在看着望远镜渺小的另一端一样:172—175年和178—180年他拯救了帝国的两次多瑙河战役,在他看来不过是"小狗争夺骨头"。我们也看到哲学家普罗提诺在思考:"我清醒过来时,就在琢磨自己是如何有了一具身体……是何种堕落使其发生?"诺斯替派"觉醒"后发现了生活是一场噩梦,"我们要么逃走,却不知要逃往何方,要么仍浑浑噩噩地追求,却不知追求着何人";受洗的基督徒身处"神子"的角色,被扔进了一个由罪恶之王统治的世界。

在自我的内心找到意外保留的完美或灵启,与一种与一位神祇独处的需求是相辅相成的:或者说,这位神祇的"照管"一直集中而个人化,而非分散在那些善意却极度非个人化的辅佐者身上,散播在整个宇宙中。这种新需求,对于那些仍然认为他们传统的活动需要保佑或鼓励的人来说很难理解:阿里斯提德斯全然地依赖着阿斯克勒庇俄斯,但他在把宙斯看作全部希腊诸神的高远统治者这点上却意料之中地因循传统。相比之下,新情绪则远离流行信仰的那些下级神祇,而直接向中心的那个潜在而未明言的独一神呼告。例如对诺斯替派来说,善神就是完全隐藏的,从未被人确知;最终,善神做出"突破",以便从极恶世界的高耸机体之后向信奉者显现。曾将思想正统者(bien pensant)的独一神包裹起来的令人安心的、由来已久的下级神祇的映像,被以种种方式剥离开来。基督教徒发现他们面对着独一"宇宙之神"(God of the Universe)的极度简明;而即使是对有思想的异教徒而言,奥林匹斯诸神也开始变得有些透明。古典的面具已经不再适合于宇宙那隐隐出现而高深莫测的内核。

把这一发展仅仅描述成"彼世性"(Otherworldliness)的兴起未免天真,事实远非如此:在一个革命性转变的时代,人可以与更高存在直接联系这一信念带来的帮助是非同小可的;它也与政治敏锐绝无矛盾。传统异教表达自身的形式与宇宙本身一样非个人化：它调动了对神圣事物的情感：古老的仪式、雕塑、神谕，以及广受敬爱的神庙。与此不同，"新情绪"则彰显了人——那些相信自己是庞大威能的代理者的单纯的人。那些3、4世纪真正在罗马世界留下印迹的人们都相信自己充当了独一神或者诸神的"仆从"，并大规模利用超自然来在一个费解的时代获得引导和认可：迦太基主教居普良（248—258年任职）这样的教会组织人，异教徒奥勒良（270—275年在位）、基督教徒君士坦丁、"叛教者"尤利安（361—363年在位）这样的从事改革的皇帝，圣阿塔纳修（St. Athanasius，约296—373年）和圣奥古斯丁这样丰产而坚定的天才们，都概莫能外。

个人内在世界中神圣能量的"突破"将临的观念有着革命性影响。对无数身份低下的男女，这一观念使古典文化和对行为惯常约束的固化力量微妙地松弛下来。"新情绪"下异教与基督教作品都对最尖锐意义上的"归信"颇有兴趣，也就是说，他们认为"真正的"神圣自我可以在个体弃绝惯常的社会身份时突然涌现。三重伟大的赫耳墨斯的"重生"的门徒、诺斯替派的"属灵"之人、受洗的基督徒，每个人都感到在他们的新生与过去之间存在一道玻璃幕墙：他们的新行为完全归功于神，而与社会毫无干系。

"归信"的观念与"启示"的观念紧密相连。在它们之间，这两个理念在古典文化的高墙之上为普通人打开了一道缺口。普通人得以通过"归信"获得道德的卓越，而这种卓越早先只有古典希腊罗马的绅士才能因为精心的培育与对古代模范一丝不苟的遵从而达成。而凭借"启示",未受教育者也可能把握重大问题的核心,而不需要置自己于高昂的成本、专业化的嫌隙和2世纪哲学教育沉重的传统主义之下。有着"新情绪"诸多方面特点的异教哲学家们激烈反对着同样依赖这些方法的基督徒和异教诺斯替派。"启示"对普罗提诺这样的哲学家来说,不仅是非理性的:它还导致了对传统学院派哲学文化的劣等仿冒。这就好像一个欠发达国家的居民竟通过宣称他们从梦境与神谕里学会了核物理,来寻求追赶上西方的科技。

在自我中发现了些许内在完满,感到能够与独一神亲密联系的人们,也发现恶的问题越发切近而强烈。只是"看顾万物的总体"、不带感情地处理人类的苦难——如同处理宇宙中那些秩序井然的道路体系里诸多令人遗憾的交通事故一般——显然远远不够了。它无法理解个人心中彼此冲突的情绪的冲动。这几个世纪中最重要的发展因此诞生:"魔鬼"(demons)作为恶的主动力量被彻底地分离了出来,而人们不得不与他们斗争。一场无形战争的尖锐气息笼罩在古代晚期人的宗教与智力生活之上。犯下罪愆不再仅仅是错误而已:它意味着一个人允许无形之力压倒自己。犯错误并不是疏忽,而是无意间被某种不可见的邪恶力量操纵了。人们越坚信自己的意见,在他们看来这些魔鬼就越强大:基督教徒们相信传统异教远非人间的成果,而是由非人的魔鬼灌注给人类的"庸众的鸦片";有一位学者甚至把对他作品的恶评归咎于魔鬼的蛊惑!

但虽说魔鬼是古代晚期宗教大戏的"明星",它们也需要一位经理人。它们在基督教会内找到了。在基督教以外,魔鬼一直

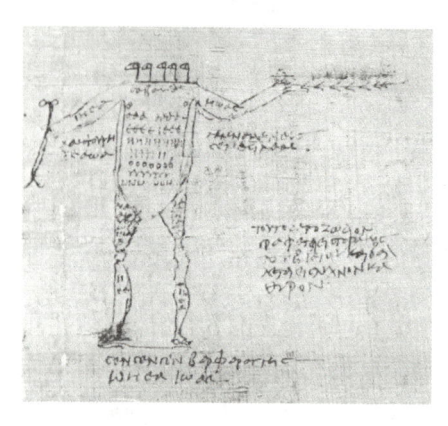

图37（左图） 伟大的无头者：一张魔法纸草上的强力魔鬼。有学识者自认可以通过魔法书控制这些魔鬼；但拥有这种书却是严重的忤逆。图片出自柏林纸草5026号，4世纪

比较混乱矛盾（很像幽灵）。它们被用来解释突然且不和谐的厄运，以及偏离正常的行为，例如暴动、瘟疫或不当的风流韵事。它们被归咎的范围之广、引发的焦虑之细小，就和现在的细菌微生物一样。但是，基督教却把魔鬼置于他们世界观的中心。基督教会通过晚期犹太教，将琐罗亚斯德教波斯最重大的遗产继承到了西方世界——这种信仰将灵魂世界绝对地分割为善神和恶神、天使和魔鬼。基督教对魔鬼的态度为越来越忧心于恶的问题的人们提供了一种专门缓解无可名状的焦虑的方法：他们将这种焦虑聚集在魔鬼身上，并同时给出了治疗方案。魔王被赋予了巨大却被严格安排好的力量。他是人类之中包罗万象的恶之代理者，但他曾被基督打败并可以被基督的人类代理者抑制住。基督徒们相信，他们只是为一场已经在天界胜利了的战斗而在地上"肃清战场"的。修士们用着如小孩去动物园看狮子一样的愉悦的惊慌来对付魔鬼；而基督教主教们则在颇为革命性的令人沉醉的思维框架中攻击它们——他们面对着一个组织极度严密的社团，它无比

图 38（左页右图） 驱除魔鬼。一位圣人一声令下，魔鬼就可见地离开了受难者。维罗纳圣芝诺教堂（San Zeno, Verona）铜大门上的浮雕，12 世纪

图 39（右图） 疗愈奇迹。对一般人来说，基督就是一位行奇迹者。即使是异教徒，都尊他是一位值得敬畏的魔法师。450—460 年一块意大利象牙对幅细部

注：即安德鲁斯象牙对幅（Andrews Diptych）。

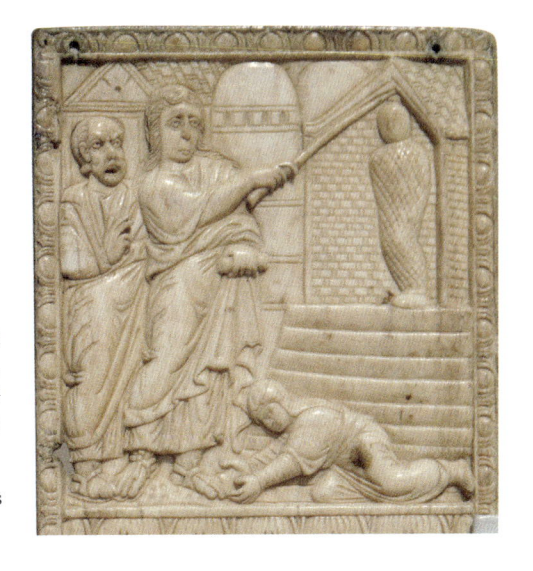

巍峨而令人生厌，却又本质空洞，注定毁灭。因此，不论历史学家们找来多少合理的社会与经济原因解释基督教会的扩张，事实就是，在《新约》以来的所有基督教文学中，基督教传教士们取得进展的方式主要就是通过驱邪和疗愈奇迹来揭露人类不可见的敌人——魔鬼的崩溃。

没有什么比分配给魔鬼的角色更能清楚展现 3 世纪发展出的蓬勃而好斗的气氛了。魔鬼们被视作在每次疾病与厄运中侵入的邪恶要素。但它们在古代晚期人们心中的存在却并不像我们想象的那么重，这恰恰是因为魔鬼可以被"分离出来"并驱走。比如，在疾病的情况中，圣人可以"看到"人体内的魔鬼并驱除它，通常使之显形为一种令人满意的实在的形式，如老鼠、爬虫或鸟类等可见物。人类对待自身的态度的最为深刻而神秘的转变之一就此发生。在安敦尼时期，过分忧虑健康的人多得惊人：埃里俄斯·阿里斯提德斯持续地从他的病弱中获得本钱；而医师盖伦（约 129—199 年）则是罗马社会的知识分子领袖。他们的健康臆想症是一个令人费解并

烦恼的症状，但它却以希腊医学传统观点的概念表达出来——人们将焦虑集中在自己身体内的体液不均衡上。较晚世代的人们则倾向于否认疾病涌现于自己体内：占据他们心力的更多是防御魔鬼的进攻，而不是自己身体秩序的内在紊乱。

总而言之，"新情绪"促使人们感到有必要通过与周围划清界限来保卫自己的身份认同。他们融入社群时不再那么轻松，并在物质世界中感到格格不入。他们与自己的独一神一起遗世独立。通过归信和接受启示，他们把自己与自己的过往、与自己同胞的大众信仰切割开来。他们在对抗魔鬼的不可见的战斗中坚守阵地。因此，个体开始比以往更强烈地感到有必要生存在另一种更好的存在中。3 世纪见证了宗教群体影响力的增强。这些群体宣称，它们的成员，在此世如此激烈地保卫最近赢得的独特性的观念之后，终将胜利并在来世安息。例如，密特拉教的新人被武装起来抵御魔鬼，因为魔鬼可能在他们死后灵魂随着银河的恬静光亮升上天国时攻击他们。基督徒地下墓穴的壁画也表达了类似的观念。通过洗礼，信徒们从此世的危险中被"拯救"出来：他们被和伸开双手祈祷、平静地站在狮穴中的但以理联系起来。死后，他们则会在天界享受"甦生"（refrigerium），一如约拿当初在凉棚中休息，避过白天的酷暑。

古代晚期最为深刻的界限就是死后划定的界限。"被拯救的"和"被诅咒的"之间不可见的鸿沟有如小群体周围的一道深堑，无论基督徒还是异教徒，都用这些鸿沟为他们自己划定了一片位置，代价则是传统公共崇拜的由来已久的共识。

安敦尼时代见证了这些思想的合流。这个时代的表象因此才如此奇异。阅读传统上层阶级的经典文学时我们会认同吉本："如果让一个人说出,世界历史的什么时代人类过着最为幸福、繁荣的生活,他定会毫不犹豫地说,那是从图密善去世到康茂德继位的那段时间。"因为吉本在此接受了一批当时人对自己的判断。传统的城市生活从未在西欧传播得如此之远。在希腊世界,一种新的自信在一场古典文化与宗教的浪漫复兴中表现出来。人们仍然在城市中感到自在。该时代的英雄并不是圣人,而是智者:那些在城市生活中扮演重要角色的演说家(见本书第11页)。在罗马,修辞教师中的领头羊每年能赚到10万赛斯特提乌斯。

就在同一时间,在罗马的一位基督教主教每年的收入只有7000赛斯特提乌斯。无论怎么看,基督教群体在古典公共生活的殿堂下都相形见绌;主教则是大城市中不可理喻的侨民,如同身处维多利亚伦敦的卡尔·马克思。但我们已经可以看出,为什么在下一个世纪中基督教主教会从遗忘中浮现出来:罗马已经涌现了十多个叫作"教学群体"(didaskaleia)的小型隐秘集群,人们在其中对诸多世事发起质疑。它们取代了传统明星演说家的位置。这里有真正的基督教会、诺斯替派瓦伦丁的秘教会"心之理解的孩子",还有三重伟大的赫耳墨斯学徒们寂静的演讲厅气氛。在下一章,我们将看到,当古代城市浮夸的公共生活在公元240年以后遭遇了公共紧急情态的严霜时,一个由这种小型秘教集会中身份低微者悄然准备好了的世界,为什么能够以一个有组织的基督教会的形式走上前台。

图 40（左图） 来世的意象。约拿在蓖麻阴凉下休息（对比莎士比亚《辛白林》中的挽歌："不用再怕骄阳晒蒸。"），4 世纪的金箔嵌玻璃

图 41（下图） 死亡不仅是安息，也是幸运地逃脱了此世与来世的危险；在这里，维比娅（Vibia）由一位良善天使带往天堂的一场飨宴。出自罗马的异教徒维比娅墓，4 世纪壁画

注：壁画出自墓穴上方的拱座（arcosolium）顶部的弦月窗（lunette）。整个墓室中与维比娅相关的共有 3 个场景，分别是"维比娅的接引"（inductio Vibies）、"维比娅的被拐与下坠"（abreptio Vibies et discensio，借用了冥王诱拐珀耳塞福涅故事）以及冥王冥后对维比娅的审判。

图 42（左上图） 哲学家及正在祈祷的归信者。作为指导者，"文化人"甚至能拯救灵魂。图片出自罗马圣玛利亚旧堂的一具石棺

图 43（右上图） 宗教领袖。这幅 2 世纪在杜拉-欧罗波斯的壁画以波斯祭司的形象描绘了东方的诉求。琐罗亚斯德被视为古典世界的智者之一，而"波斯哲学"则继续吸引着甚至像普罗提诺这样非常希腊的思想家

图 44（右下图） 教学群体。这里描绘着教师与一小群他的学生。4 世纪壁画，出自罗马拉丁大道（Via Latina）地下墓穴

2. 城市的危机：基督教的兴起，约 200—300 年

很少有什么时代像 2 世纪的罗马帝国一样，半个世界对另外半个世界毫无兴趣。正如迪斯莱利（Benjamin Disraeli）口中的维多利亚时期的英格兰一样，是"两个国家"。传统的统治阶级自傲于保存了自己家乡城市的古代特质。例如，雅典人在哈德良皇帝的敦促下完成了奥林匹亚宙斯神庙，而这一工程曾中断了整整 638 年！他们用了昂贵而无必要的 T 型夹钳来准确复制公元前 5 世纪的建筑。希腊贵族们珍视当地的仪式与祭司职务，将其作为他们在当地地位的保证，并利用了对他们身居的广大帝国会变成文化上不毛之地的恐惧。他们坚持把罗马世界看成诸多迥异城市与部落的马赛克。时代的普遍态度强化了地方爱邦主义脆弱的蜂巢：希腊城市爆炸性地发行钱币，每种钱币都尊奉他们自己的神祇；而一座阿非利加城市则把这一切总结在一句铭文之中："更多权力归母邦！"

但就在同时，一位年轻学生塔提安（Tatian）也可能从东方，从罗马帝国的叙利亚边陲来到罗马，一路之上讲着希腊语并参与统一的希腊哲学文化。塔提安回家时心怀不满，同时也成了基督徒。帝国诸城那刺耳的特殊主义（particularism）令他震惊。每座城市都有自己的法律；每座城市都由一个人数有限的寡头集团统治。他写道："应该有一套适用全人类的律法，以及统一的政治组织。"

塔提安代为立言的是成千上万的人，他们对罗马帝国的体验与帝国的支配阶层截然不同。对于能言善道的罗马与希腊绅士来

图 45　异教徒眼中基督教。一头被钉在十字架上的驴子及刻字"阿莱克萨梅诺斯在敬拜他的神"。2 世纪的涂鸦

注：刻字为"Αλεξάμενος σέβετε θεό"。这段文法混乱的涂鸦发现于罗马的帕拉丁山上一处封闭的建筑。2、3 世纪的一些基督教作家提到过，有些异教徒或犹太人认为基督徒敬拜的神是一头驴。

说，帝国的和平提供了强化自己古老城市的传统并从中获益的机会。而它对地位更低的人，则完全没有这种意义：它意味着更宽广的眼界，以及前所未有的旅行机会；意味着地方差异在贸易与移民之下逐渐抹消，以及古老藩篱在新财富和新的地位标准前的弱化。不知不觉间，罗马帝国将上层阶级依赖着的传统和对地方的忠诚观念，溶进了下层之中。

小亚细亚爱琴海岸的希腊城市自豪于维持了自公元前5世纪以来的地方特质（甚至包括他们的地方世仇！），而此时他们的腹地——弗律基亚、比提尼亚和卡帕多奇亚——的居民，则进入了一个新世界。商人们始终在四处奔波，在发展欠佳、通常与故乡相距甚远的西欧地区寻觅着机会。例如，有一位弗律基亚商人一生中造访过罗马共计72次。

恰恰是这些脱离根基而漂浮于过去生活之外的人，为2世纪晚期宗教领袖们的不安的思想提供了背景。成功的商人、身为获释奴的行政人员，以及地位与教育缓慢提升着的女性，都发觉自己已不再是他们习惯了的城市的公民，而是"世界公民"；而似乎有许多人正在发现，世界是一个孤独而缺乏人情味的地方。正是在这些人之中，我们发现了基督徒。到200年时，基督教群体并不是出自"低端而被压迫"的人群：组成这些群体的，是下层中产阶级和城市受尊敬的手工业者。他们远远不是被剥削的群体，反而在罗马帝国中找到了新鲜的机遇和成功；但他们也必须去想出办法，来解决他们新地位的焦虑与不确定性。

罗马帝国考古迷人的地方之一就是我们可以如此清晰地看到，

在变得越来越有世界性、越来越疏远，旧的地标也在衰退的城市中，单纯而自尊的人们又是如何试图规范自己行为、选择崇拜对象、建立人类关系的。

例如东方崇拜在西欧的扩散，就是1、2世纪的一个著名特征。这些崇拜得以扩散，是因为它们给予了移民以及后来的当地归信者一种自己城市的市政功能中所缺少的归属感和忠诚感。有力的证据表明，发达了的下层人组成的小集团也自发地成长起来。人们会和其他成员一起，生时一同饮食，死时共同下葬、共同受纪念。占星术、解梦书和巫术书的激增，以一种更为阴暗的方式表明，一群受过些许教育的新公众，在试图掌控自己那步伐加快的生活时，感受到的焦虑要有多大。

所有这些之中，罗马世界上层阶级的观点，与城市中更富足的平民的体验针锋相对。希腊世界哲学文化的传播达到了极点；但恰在此时，希腊的上层阶级正在放弃一种灵活而鲜活的希腊语，即整个东方的通用语"通用希腊语"（Koiné），而推崇一种古旧的阿提卡风格，只有受过一丝不苟的教育的人才会讲这种语言。这一时期的一位修辞师，在谈论如何惩罚强盗时说："让他把古代经典全文背诵，正如我不得不做的一样。"因此，精英们在自己的文化周围树立着高墙，并暗中剥夺了一批骚动的有知识的无产阶级的权利。诺斯替和赫耳墨斯派文学表明，人们仍然非常渴望挪用希腊的哲学文化，以便解决他们急切的问题；而且，如果人们无法从教师那里习得，就会转投宗教领袖，在后者口中说出的许多尘土遍布的课堂中的陈词滥调，却能以"启示"的自发与简单使新的咨询人感到震撼。一些作家早已从古典文化的高塔上俯瞰那向他们逼近的晦暗不明的世界：盖伦（他很值得注意地发现自己从事的医疗职业中充斥着富有热情的无文化人士）注意到，简单到粗暴的寓言和指令就显然能使基督教徒按照古代伦理中的最高标准生活下去。基督教护教士（Apologists）大吹大擂的正是这一成就。他们宣称，柏拉图予人佳肴和华服，但使徒们却在粥厂中为普罗大众做饭！罗马世界"中端"（middlebrow）文化的社会史，站在了护教士而非盖伦一边：受过中等教育的新的公众，远离了伟大的柏拉图对话，而趋向于平易近人如爱比克泰德（Epictetus）这样的哲学家以及毕达哥拉斯派格言手册所提供的简单作品。

图46、图47 人群。庄重的小型宴会是古代生活一个常见特征。家人总是在死去亲属的墓旁进餐；因此，在一同进餐时，异教或者基督教的敬拜者们会将彼此当作同一个宗教家族的成员。3世纪壁画，出自罗马的圣伯多禄与玛策林（SS. Pietro e Marcellino）地下墓穴和普里斯基拉（Priscilla）地下墓穴

富有的平民甚至资助了一种不受市政广场上和神庙里那些古典模板局限的新式艺术。这是一种为了传递信息而设计的艺术：图式化（schematic）、印象派、有着形式化意义的姿势、人物脸部正对观看者以便完全识别。如同古代晚期的诸多宗教与文化要素，4世纪独特的"古代晚期"艺术风格也并非全新的发展：它植根于先前两个世纪一种既有却模糊不明的文化，造就这种文化的，则是仍然生活在排外的贵族的阴影之下的下层人们。

基督教的兴起不能与我们之前一直描述的社会转变割裂开来。基督教的扩张并非从圣保罗开始，到312年君士坦丁归信为止的一段渐进而不可避免的过程。它在3世纪的扩张令人印象深刻，因为这种扩张完全出人意料。基督教会非常突然地被当作了地中海诸城中令人严肃对待的一股势力。在257年和303年以后，迫害事件中针对教会这一整体而非仅针对基督教徒个体的措施极为严厉。这种严厉本身就表明，罗马的城镇中有着缺口，而这种缺口则有被基督教填补的危险。

基督教会虽然与其他东方崇拜在诸多方面都很相似，但其对外部世界的不宽容却截然不同。其他的崇拜谢绝外人，并且经常是外邦人小心维护的自留地。但他们从未将自己与他们周边社会传统的宗教仪式对立起来。他们从未享有间歇性迫害这样的公开关注。各种东方崇拜虽然提供了通往来世救赎的特殊方法，但都将信徒此世的地位视作理所当然。基督教会却提供了一种在此世生活的方式。教会等级制的巧妙复杂化、对一个有着精心规定的习惯和不断增长的资源的特别群体的归属感，都让基督教会给3世纪颇不确定的几代人留下了更深的印象。很少见到像基督徒这样能在社会的焦虑上运作得如此成功的小群体。他们仍然是一个小群体：但他们成功地成为一个大问题。

基督教传教士取得最多进展的地方正是在罗马社会更加流动的地区。教会的温床正是小亚细亚腹地的新生诸行省。在吕高尼这样的行省，希腊文明几乎和保罗同时到来。为罗马的基督教团带来大约20万赛斯特提乌斯的宗教领袖马西昂（Marcion），与那位旅行罗马72次的弗律基亚商人既是同时代人，也来自同一地区。

一个宗教团体之所以有吸引力，部分原因就在于它能稍微领先于社会的发展。在一个小群体中，"弟兄之间"有可能形成一些在大社会中以极高的冲突和不确定性为代价才能形成的关系。作为教会的一员，基督徒可以将社会生活中一些更为痛苦的"戈尔迪安之结"一剑斩断。比如说,一个基督徒可以成为激进的世界公民。他的文学、信仰、艺术和用语都极为统一,无论他生活在罗马、里昂、迦太基还是士麦那。基督徒们心底里都是移民,是意识形态上的"失根者"(déracinés),信仰将他们与周遭分离,而他们深知自己只和遍布帝国的小群体共享这种信仰。在诸多地方藩篱被痛苦而隐晦地抹灭之时,基督徒已经踏出了称自己为"非国族"(non-nation)的一步。

教会也明言其平等主义。一个"既没有奴隶也没有自由人"的群体或许会被贵族震惊地认作乌托邦,或是颠覆性团体。但在一个成功的获释奴与破落的(déclassé)元老之间的藩篱越来越虚幻的世代,一个宗教团体可以走出彻底无视它的最后一步。在罗马 3 世纪早期的基督教团体中,正是这种反常事得到了集中和宽容:教会中有皇帝的一位有权有势的被释奴侍臣;主教曾是这位被释奴的奴隶;教会得到皇帝情妇的庇护,并有贵族女性恩庇。①

一些人的困惑部分产生于他们感到自己在家乡的环境中已经格格不入,对于他们而言,基督教会提供了一场社会生活的激进实验,而偶尔的与自己的过去和自己的邻人决裂的时期和兴奋感则强化了这一实验。

---

① 罗马的希波律陀《驳诸异端》第 9 章第 7 节中论加里多一世(Callixtus I)的事迹。据记载,加里多曾是康茂德皇帝的宠臣卡波佛罗斯(Carpophorus)的家奴,但却借职务之便携主人的存款逃走,被抓回矿山劳作。经过种种波折,最终乞求康茂德的情妇马基雅(Marcia)赦免并接引回罗马教会。但因为希波律陀是加里多的论敌,且在行文中对后者颇多贬抑,这个故事是否可信饱受争议。

宗教共同体的强烈感觉是犹太教的遗产。它拯救了基督教会。因为它把自己看作"真正的以色列"，基督教会得以在每个奠基过的城市扎住根，如同退潮时留在石头上的帽贝。在3世纪晚期，城镇的公共宗教仪式逐渐衰落了；贸易的混乱致使东方崇拜缺乏移民信众；但基督教主教却与他们身后稳定的共同体和绵长的历史一起，在城市获得了大丰收。

3世纪晚期危机并未显著削弱地方显贵的财富，而是使他们把钱花在其他地方：在前一个世纪曾经投向城镇居民的资金转而花在更为私人的生活上，以及更为自我主义的地位竞争上。自然，诸神也受到这一社会生活节奏转变的影响。2世纪的公共竞争涉及大量的宗教活动：仪式、巡游、敬献雕塑和神庙。反之，古代晚期的生活方式则更为公然地个人化并且远为世俗化了：大亨可以花钱如流水，但他会捐资表演和巡游，来强调自己的个人声望，即"权能"（potentia）；他对强化宗教节日等公共活动并不关心；因此不出意料的是，敬献给传统诸神的铺张碑铭，到250年后就陷入停滞了。

基督教共同体对感到被遗弃的人们骤然有了吸引力。在通货膨胀的时代，基督徒们在人群中注入了大量流动资本；在越来越残忍的时代，基督教殉教者的勇气震撼人心；在瘟疫和骚乱等公共紧急事态期间，基督教士现身成为城市中唯一团结的群体，能够照看死者的下葬并组织食物供给。在罗马，到了250年教会已扶助了1500位穷人和寡妇。罗马和迦太基的教会能够向阿非利加和卡帕多奇亚寄送大量金钱，以赎回在254年和256年蛮族洗劫之后被俘的基督徒。两代人之前,面对入侵之后相似问题的罗马政权,却对更可怜的行省人甩手不管:律师们宣称,即使是罗马公民,也不得不继续给将他们从蛮族手上购回的人做奴隶。显然,在250年做基督徒比做罗马公民,带来了更多来自同伴的保护。

但是,在基督教会一些引人注目的公共举措的吸引力中,是不会有城市危机的真正解决措施的。使基督教会脱颖而出并加强其吸引力的,是教会生活强烈的内向型特质。教会并不会无差别地施舍:主教将这些取自基督教社群的施舍物,当作群体的特别"献祭"呈现给上帝(施舍物的"献祭"如同圣餐礼一样,都是基督徒祭献的一部分;这本身就是与异教做法的重大差异)。在如此祝圣之后,公共财富会作为上帝对其选民"慈爱"(loving-kindness)的一部分,只回到共同体成员手中。

基督教的宣传也并非来者不拒。基督徒们并未采纳犬儒派哲学家们在市场说教讲道的方式。相反,申请入教的人会受到仔细审查:准备纳新启悟(initiation)的过程十分漫长;而一旦启悟,一套可畏的悔罪体系会让他们持续认识到归属与不归属教团之间可怕的鸿沟。

3世纪中叶,一位受过教育的罗马人,迦太基的居普良,可以就这样通入这个新奇而自足的世界。从248年到258年,他把人生的最后部分花在了维持迦太基的基督教"派系"而进行的组织和外事工作上。基督教的吸引力仍然根植于其激进的共同体意识:它能够吸纳人们,是因为个体得以从一个宽广却不讲人情的世界投入一个有着明确要求和关系的缩微共同体。

基督教会在 260 至 302 年间得到了完全的宽容。这段"教会的小和平"(Little Peace of the Church)如我们将看到的(见本书第 88 页),对基督教在罗马帝国中将来的发展至关重要。而皇帝们则太过着力于边境前线,无心关注基督徒。这标志着莱茵河、多瑙河与古典世界的核心相距多么遥远;在这一代人中,皇帝及其顾问对地中海城市发生的事置若罔闻。当 287 年戴克里先终于在尼科梅底亚建起自己的宫殿时,他能看到在对面山上基督徒的圣殿。罗马帝国幸存下来了;但在这个罗马帝国中,基督教也扎下了根。

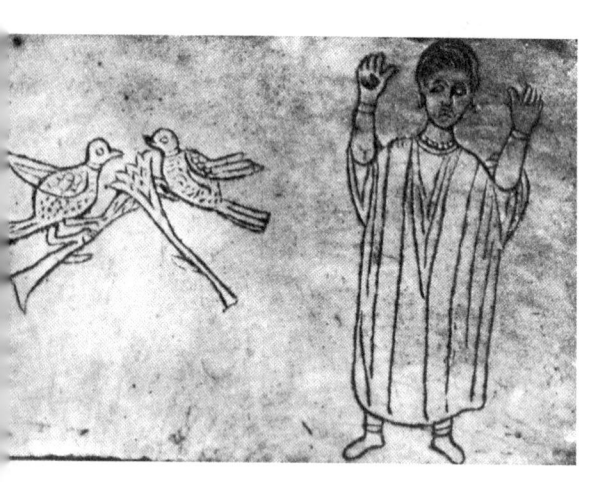

图48 身份卑微者的艺术。这是一段简单的信息:一个女人在祈祷,鸽子带来了象征和平的橄榄枝。本图是地下墓穴中一块墓石上的涂鸦

图49(右页图) 哲学家。"他双眼的瞳孔如有双翼,长着灰白长须;很少有人能忍受住他犀利的眼神流转。"这段描绘了那位对"叛教者"尤利安影响最大的哲学家的文字,与出自以弗所的这尊 5 世纪头像十分相适

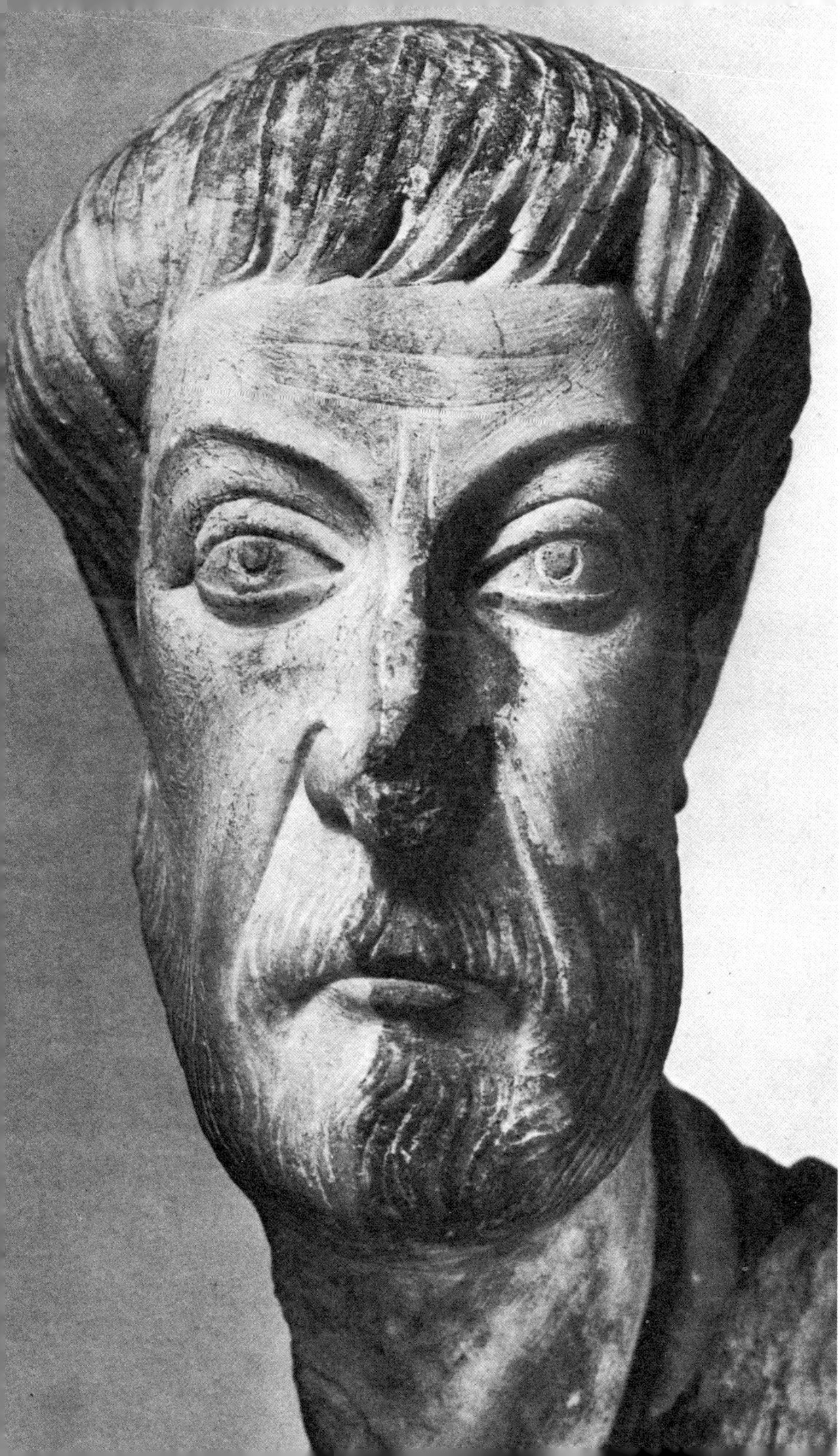

3. 最后的希腊人：哲学与异教，约 260—360 年

268 年，一支来自多瑙河对岸的赫鲁利人战团洗劫了雅典。他们被史学家德克希波斯（Dexippus，活跃于 253—276 年）领导的阿提卡人自己打败了。这座被破坏的城市劫后余生。著名的市政广场废弃了；临时搭建的墙垣环绕着卫城。但德克希波斯并未在自己的公共碑铭上提及这场事变，对他来说，重要的是他按时举办了泛雅典娜节（Pan-Athenian Games）。到了 4 世纪中叶，雅典又一次成了繁荣的学术都市。当年轻的罗马王子尤利安以学生的身份造访这里时，他发现哲学已经像尼罗河的周期性洪水一样，在希腊各地重新兴起了。尤利安到来的一个半世纪后，基督徒们劫走了帕特农神庙的雕像，哲学家普罗克洛（Proclus，411—485 年）梦到，雅典娜女神站在他身旁，询问"他的女神雅典娜能否在他的住所避难"。

雅典的历史表现了古代晚期文明的重要一面。在此时期，传统力量顽强的幸存与重组，以及对过去的重新发现，与我们之前描述的急剧转变同等重要。古代晚期复兴的东西所给予未来世代的，和这段时间的创新是一样多的。

希腊世界的知识阶层在 3 世纪过着备受庇护的生活。哪怕在帝国国运最窘迫的 3 世纪 60 年代，哲学家普罗提诺还能在罗马元老们的恩庇下，不受打扰地安居在坎帕尼亚的一处庄园中，学生们依旧从埃及、叙利亚和阿拉伯络绎不绝地前来。之后在 4 世纪和 5 世纪，异教哲学家和修辞学者们则在仍沐浴着希腊记忆的爱

图 50　诸神的存续。一份拜占庭日历描绘着戴着王冠的太阳神手捧地球统治着宇宙。所有神力都从中央发射而出,以有序而易理解的路径,通过行星和黄道十二宫影响着人间事务。太阳对中世纪天文学家来说,就像对"叛教者"尤利安皇帝一样,仍是"王"。托勒密《天文学》梵蒂冈写本插画,作于813年至820年期间

琴海边的城市之中蓬勃发展。我们面对的是一个有着悠长传统、变化缓慢、仅经历过重组，且与过去并无断裂的世界，这个世界甚至比土地贵族还要稳定。

这些人自称"希腊人"，并称自己的信仰为"希腊主义"。他们修复了正统希腊智慧的受到威胁的堡垒。3世纪末，他们已坚决地遏制住了精神上的蛮族大侵袭——诺斯替主义。诺斯替信徒对柏拉图主义的黑暗仿冒曾经吸引了先前一代知识分子；但3世纪晚期的人们完全没有变得更为悲观、更倾向于拒斥物质世界，反而摆脱了这种暗黑情绪，并从未回头。诺斯替主义在学术圈中的失败是一个鲜明的例子，证明了古代晚期的贵族文化有能力打破一场在一个世纪前似乎会引发大规模"文士的背叛"（trahison des clercs）①的运动。

6世纪末，一大群"希腊人"依然坚定抵制着"蛮族的神智论"（barbarian theosophy）——基督教。在希腊世界，"希腊人"一词等同于"异教徒"，这对这些人的威望来说是一种赞颂。因此，在东部罗马社会中出现了这样一个悖论：在希腊世界，君士坦丁彻底将国家机器基督教化了，4世纪的帝国东部远比西部更称得上是一个"基督教帝国"，但异教在东部的文化生活中却比在西部存续得更久：广受尊重的"希腊人"仍在雅典、亚历山大里亚和数不胜数的小学术中心维持着学术生活，直到阿拉伯征服。在埃德萨（Edessa，今土耳其东部的乌尔法［Urfa］）郊外的哈兰

---

① 这个说法显然出自朱利安·班达的名作《知识分子的背叛》（La Trahison des Clercs），但是clerc这里是中世纪识文断字者的意思，故有此译。

城（Harran），异教的乡村士绅一直未受干扰地存续到了10世纪。他们自己造就了希腊思想最后时代的沉思与不甘。在这片惊人的"希腊主义"绿洲，他们崇拜着一套名为"苏格拉底、柏拉图和亚里士多德"的三位一体神圣心灵；他们相信，君士坦丁值得鄙视，他狡猾地将基督教转变成了罗马多神教的仿品；他们也相信，基督教的兴起意味着希腊科学的终结。

这些"希腊人"令我们印象深刻，因为他们虽然面对着他们时代的精神乱局，却转向古代找寻解决当下焦虑的方式。他们安静地崇信着一个源自柏拉图并不断演进着的传统，这或许是古代晚期文明最令人宽慰的方面。毕竟，许多古典而开明的社会都因自己传统主义的重压而崩溃，给其直接继承者徒留噩梦与不安的记忆。罗马帝国得免于此，很大程度上要归功于"希腊人"的复苏，以及他们与新的基督教上层知识阶层之间的对话。

虽然普罗提诺作为思想家是卓尔不群的，他的发展在这些人中却是典型。这位埃及人于205年左右出生在一座行省小城，对诺斯替主义的接触远不是浅尝辄止。他曾与基督徒奥利金师从同一人。他也曾试图弄清波斯人和印度人的异域哲学。直到晚年，他才日渐平静地埋首于柏拉图的古老辩证之中。他的作品有着一位饱受困扰而坚定的人的吁求，他在中年时以严格、理性的约束，赢得了通往美好和明晰的道路。他的学生仍会问他那些前一代人问出的绝望问题：为什么灵魂被与这具身体结合起来？但普罗提诺不会给出现成的答案：他会坚持以"希腊式方法"——柏拉图作品支持的持续数日的辩证询问的方式——来推敲这个问题。

他的追随者们同样地掌控着他们时代的宗教边界。推罗的波菲利（Porphyry of Tyre，约232—约303年）写出了一部极为渊博且具毁灭性的对基督教经卷的批判：他的批判点直到19世纪"高等批判"出现前都无人超越。波菲利年轻的同僚，阿帕梅亚的扬布里霍斯（Iamblichus of Apamea，卒于约330年）教育了整整一代希腊青年。如同很多当时和现在的教授一样，他欣然把自己表现为一位秘教的引导者（mystagogue）；他有着受欢迎的教师应对反宗教者的粗暴指责时一样令人发怒的口才。但在君士坦丁在自己身边聚起一群基督徒廷臣的时代，扬布里霍斯还能够让一整代希腊士绅安心认为，他们的传统信仰能和最高级的柏拉图主义完美兼容。他对君士坦丁做出了报复。君士坦丁家族的最后代表，他天资聪慧的侄子尤利安，就受扬布里霍斯弟子影响，从基督教又归信了"希腊主义"。从361年到363年，"叛教者"尤利安做了皇帝（见本书第98—101页）。而即使是在帝国的公共信仰之战以基督教胜利而告终的一个半世纪以后，哲学家普罗克洛还会以雷雨后的静夜般的语气，仿写献给诸神的颂歌和完全异教式的《神学要题》（*Elements of Theology*）[①]。

"希腊人"在中世纪早期创造了哲学的经典语言，而直到12世纪基督教、犹太教与伊斯兰教的思想都不过是它衍生的通俗版而已。当文艺复兴时期的人文主义者们重新发现柏拉图时，吸引他们热情的并不是现代古典学家心中的柏拉图，而是古代晚期宗

[①] 这里的theology其实是"首要原理"（first principles）的意思，全书也并不是在论说异教诸神，而是更像宇宙论和形而上学的综合。

教思想家那里活着的柏拉图。

简单来说，他们相信，在柏拉图和希腊诸多学府的知识学科中，他们找到了一种能够控制冲突、维持绷紧的线的两端的方法，而围绕这两端的更为激进的思想家与更具革命性的运动在一定程度上却会容许这条线崩断。他们强调的是，通过理性沉思，有可能把握住可见世界的各个层级之间，以及与其来源独一神之间的密切联系。因此，也有可能通过思考"触及"那凝聚的中心，而之前人们是借助所有可见事物呈现的美而得以感受到它的。用一个简单的图像表述，他们把世界以及世界与神的关系，看作一个在绳子上迅速弹上弹下的悠悠球。对他们来说，诺斯替信徒切断了这根绳子：因为诺斯替派说，宇宙与善神之间、人的内在与外在之间、身体与灵魂之间没有连接。反之，基督徒则不许悠悠球转长：他们把注意力钉在独一神身上；基督徒们粗糙的一神论的怒目，排除了不可见与可见的诸神的彩虹般绚丽的表达，而太一的美恰恰必须要通过这些表达，才能通向凡人之眼。

要维系可见之物与不可见之物之间的联系、不可表达的内在世界与其在外在世界中有意义的表达之间的联系，要坚持自然事物有可能由灵魂赋予意义——这就是普罗提诺交给其同时代人和后辈们的任务。主宰了中世纪的基督教思想家们，无论是西方的圣奥古斯丁，还是在东方于约公元500年写作《天国位阶论》（Celestial Hierarchies）的不知名作者（后世称其为"伪狄奥尼修斯"[Pseudo-Dionysius]），都同样得益于普罗提诺热切维持的平衡。

对柏拉图主义者来说，身体与灵魂的关系，是神与宇宙关系这一难题的缩影。普罗提诺对这个问题的回答十分典型。他下出定论：拥有身体的"罪"，对一个人来说并不比投出阴影更多。实际上，身体是一件美丽的工具，灵魂透过它来寻求表达：人们必须珍惜并锻炼自己的身体，一如音乐家必须让自己的琴保持音调准确。这是一个紧张而敏感的理想，但绝非禁欲苦修的。在听从他的那代人赞助的艺术中，我们能看到普罗提诺的真意。这种艺术并非"彼世的"，而是观照"内在世界"的。帝国晚期的肖像画远非放弃身体的长处和个性，而是把它集中在了能让人从这具身体直达其心灵的入口处。它们的强调落在眼睛上。眼睛朝着我们闪耀着，展露出一种隐藏于肉身紧张气氛中的内在生活。古代晚期是扣人心弦的肖像画的年代。

并不令人吃惊的是，一位古代晚期人创造了第一部、也是最伟大的"自画像"之一：在圣奥古斯丁于397年写成的自传性的《忏悔录》中，这位普罗提诺最优秀的拉丁读者将大师非人格的知识热忱，炼化成了欧洲文学第一部真正的"自画像"。

普罗提诺和奥古斯丁代表了古代晚期柏拉图主义复兴的一支：这一支与现代人最为贴近。但对当时以及直到17世纪的人们来说，柏拉图主义一个同样重要的特征在于它对人类在整个宇宙中位置的态度。在"希腊人"的作品中，人类重新掌握了曾失去的与周边世界的亲近感。

诺斯替的黑暗展望、基督教的一神论以及晚些时候的基督教苦修主义，都威胁着将人孤独地留在一个意义已被排空的世界。对古代晚期的哲学家来说，世界已经不可否认地变得神秘。他们

图51 眼神的力量。在这幅6世纪《伊利亚特》插画中,荷马笔下的英雄正在辩论着:他们以目光彼此交流,而在当时的圣像中,眼睛会朝外看,直接与崇拜者们对话

带着悲伤的思考注视着世界的美,如同夕阳沉落后最后的那一抹微茫余晖。但这个宇宙虽然神秘却是有意义的:它是来自神的象征。哲学家们将继承来的神话当作象征来接受(这非常像现代的核物理学家,他们并非自行创造,而是继承了过去那些朴素的、二维的中子质子轨道示意图,来为大众总结关于物理世界那令人眩晕的事实)。与基督徒们在冰冷的巴西利卡圣殿中"属灵崇拜"的空洞相对,异教哲学家们坚守着传统祭献的"由灵魂掌控的姿态",一如燃烧着的祭坛将其祭品化为了上扬之火的简单明晰。

新柏拉图主义哲学家用来表述独一神与可见世界无穷无尽的表达之间关系之紧密的术语,得到了一再重复,这表达了在一个深不见底的宇宙中对亲密感的渴求:哲学家们强调存在之间的"链条""交织"和"交融",将人与其可敬畏的根源联系起来。所有生物都回应着这个不可见的中心,如同莲花静静地向着升起的太阳开放。

在4世纪,这种观念被看作罗马帝国所有文明的思考者们的桂冠成就和唯一希望。基督徒们也分享着这些观念,因为他们也

肖像的时代

图 52（左图） 在 3、4 世纪，肖像的发展逐渐包含了对朋友的亲密纪念品：4 世纪的金箔嵌玻璃上书"尤西比乌斯，甘甜的灵魂"（Eusebi anima dulcis）

图 55、图 56（右页图） 出自阿奎莱亚（Aquileia）和雅典的哲学家："属灵之人"严肃而神圣的形象

图 53、图 54 皇帝德基乌斯（左下图）和哲学家道格玛提乌斯（右下图）：对公共人物紧绷而现实主义的罗马式处理

自认是文明人。在知识生活断断续续，且缺少以异教为主体的学术环境这一坚固壁垒的西部，基督教知识分子成了几乎无人挑战的普罗提诺继承人：4世纪中叶的马里乌斯·维克托里努斯（Marius Victorinus），以及安布罗修、奥古斯丁和后来的波爱修（Boethius，约480—524年）都是希腊哲学与拉丁中世纪之间的桥头堡。即便在东部，异教徒教授们也发现自己对基督徒就像对异教徒自己一样慷慨授学：410—414年任托勒密城（Ptolemais）主教的叙内修（Synesius）就经历了一场典型的从哲学家教室到主教席的平静演进。叙内修仍可维持与一位异教徒女士——亚历山大里亚的希帕提娅（Hypatia of Alexandria，见本书第114页）的友谊。他在410年出任主教，而条件是，他虽在教堂"述说神秘"却应能在私下自由地"如哲学家般思考"。

基督徒从其异教先师那里接管过来的，正是复兴的柏拉图主义中的这一要素，它把人从面对可见世界时的孤寂与无意义中解救了出来。2、3世纪基督教护教士呼吁对一位不完全清楚的神的简单崇拜，这带来的刺目之光曾让世界濒临苍白，而此时世界又重新弥漫着色彩。奥古斯丁是通过阅读普罗提诺的《论美》(*On Beauty*)从摩尼教中得救的，这是一种诺斯替教义，普罗提诺也是从与之相似的教义出发开始了自己知识的奥德赛之旅。希腊神学家们发现，自己正在对神与可见世界关系的柏拉图式思考背景下，讨论着基督在向人展现时的作用与本质。人与神藉由可见象征物的"交织"，曾极大吸引了扬布里霍斯，而这也同样是比他年轻的同辈人圣阿塔纳修（St. Athanasius）在写作基督道成肉身时的基本关切。异教神祇的物质图像曾将神圣的美可视化并使其如此神秘而有力，而这种神圣的美的回音，也将同样的力量传递给了基督教的圣象。覆盖着拜占庭教堂墙面的画作：道成肉身的基督生平画面下方的、与视线高度齐平的人类圣徒；高大的天使将可见世界的主宰者基督——他那遥远的面容融入了最高处拱顶的金色——与横跨墙面一路向下进入人群的图像连接在了一起：这一组飞升的形象，正是由艺术可视化了的不可见世界那令人敬畏的感觉，激荡在裹缠于身体的帘幕中的灵魂里，发出的直接回响，而在皇帝尤利安站在他的诸神的祭坛前时，这种回响也曾使他激动不已。

安慰着最后的异教徒们的，是不可见之物的亲切与无形的存在感。像4世纪晚期的基督教乌合之众那样（见本书第114页），宣称基督徒们通过毁灭神庙而"摧毁"了诸神的说法，对异教徒来说，就像是以销毁所有插头和开关的方式消除了电力一样愚蠢。

图 57 新的异教风格。6 世纪埃及挂毯上的"万福女神"。一个威严而抽象的、分发美德与进步之福的形象,取代了大众神话中那些太过人性化的神祇

注:挂毯顶部绣字为"万福的赫斯提亚"(Hestia Polyolbos)。

诸神美丽的古典雕塑已被毁坏:但如尤利安所说,雅典人多年前就已经毁坏了苏格拉底的身体——"活着的塑像"——但他的灵魂永存[①]。诸神也是如此。在夜晚的群星中,诸神找到了比终将朽坏的人造雕塑更适合他们漠然的永恒的形状。因为在群星中,地球上衍射的色彩都聚集成了恒定而静谧的辉光。恒星与行星安稳地摆过最后的异教徒头顶,成为远离僧侣大破坏的闪耀着的诸神

---

① 尤利安《致一位祭司函残篇》295a。

图58、图59 在一份中世纪晚期写本中，诸神被画在行星中，每个神祇都被圈在行星轨道上

雕像。纵贯中世纪，群星仍然高悬于基督教欧洲之上，令人不安地提醒着人们诸神的不朽。诸神在星期的每一日中留下了自己的名字。① 他们的标志仍留在行星上；而这些行星则控制着文明人的行为直至17世纪末。1300年之后，人们仍然会以或多或少基督教式的形式，重拾那种亲近一个完美与不可侵犯的世界的震撼，而年轻的尤利安正是因此才背离了基督教。

> 坐下来，杰西卡。瞧，天宇中嵌满了多少灿烂的金钹；你所看见的每一颗微小的天体，在转动的时候都会发出天使般的歌声，永远应和着嫩眼的天婴的妙唱。在永生的灵魂里也有这一种音乐，可是当它套上这一具泥土制成的俗恶易朽的皮囊以后，我们便再也听不见了。
> ——《威尼斯商人》第五幕第一场，58—65行

---

① 拉丁语中，周一至周日分别得自月亮（dies Lunae）、火星/玛尔斯（dies Martis）、水星/墨丘利（dies Mercurii）、木星/朱庇特（dies Iovis）、金星/维纳斯（dies Veneris）、土星/萨图恩（dies Saturni）和太阳（dies Solis）。

图 60　墨丘利仍然管辖着他在古代晚期文学中被赋予的那些职业与技能：作为"三重伟大的赫尔墨斯"（Hermes Trismegistos），墨丘利被异教徒们视作所有艺术与文化的启示者。图版出自 1464—1465 年的佛罗伦萨的版画集《诸行星》(The Planets)

4. 归信基督教，300—363 年

异教徒凯尔苏斯于 168 年写道："如果所有人都想做基督徒，那么基督徒们就不会再想要他们。"到了 300 年，这种情况完全改变了。基督教已在地中海所有的大城市牢牢扎下了根：在安条克和亚历山大里亚，在城市里的各宗教团体中，基督教教会很可能是最大的，且一定是组织最完备的一个。基督教正是在 3 世纪晚期的动荡中相对未受损的那部分罗马世界中得益最大。在坚定异教的西部诸行省，降临的则是沉默。与之相反，叙利亚和小亚细亚作为富庶不减、智识骚动的行省，以其善于表达的基督教要素，比先前更鲜明地出挑了。

但这一时期最决定性的转变，不应被概括为基督徒社群规模大小的问题。对基督教眼下未来更为重要的，是基督教会的领袖，特别是希腊世界的教会领袖发现，他们可以将自己与普通富有平民的文化、观点和需求等同起来。基督教已从一个反对或支持罗马文明的一面的教派，变成了一个准备好吸纳整个社会的教会。这或许是教会史上最重要的"与时俱进"（aggiornamento）[①]：也当然是 3 世纪文化中最重要的一起事件。因为，如果基督教没有转

图 61（右页图）"在上帝指引下行动的一个强有力的灵魂。"现位于罗马护法官官（Palazzo dei Conservatori，一译"保守官"）外的这尊君士坦丁巨大头像的眼睛抬起，强调了皇帝自诩与神紧密联系的观念

[①] aggiornamento 原是现代天主教会在梵蒂冈第二届大公会议中用来表述其现代化改革的术语。

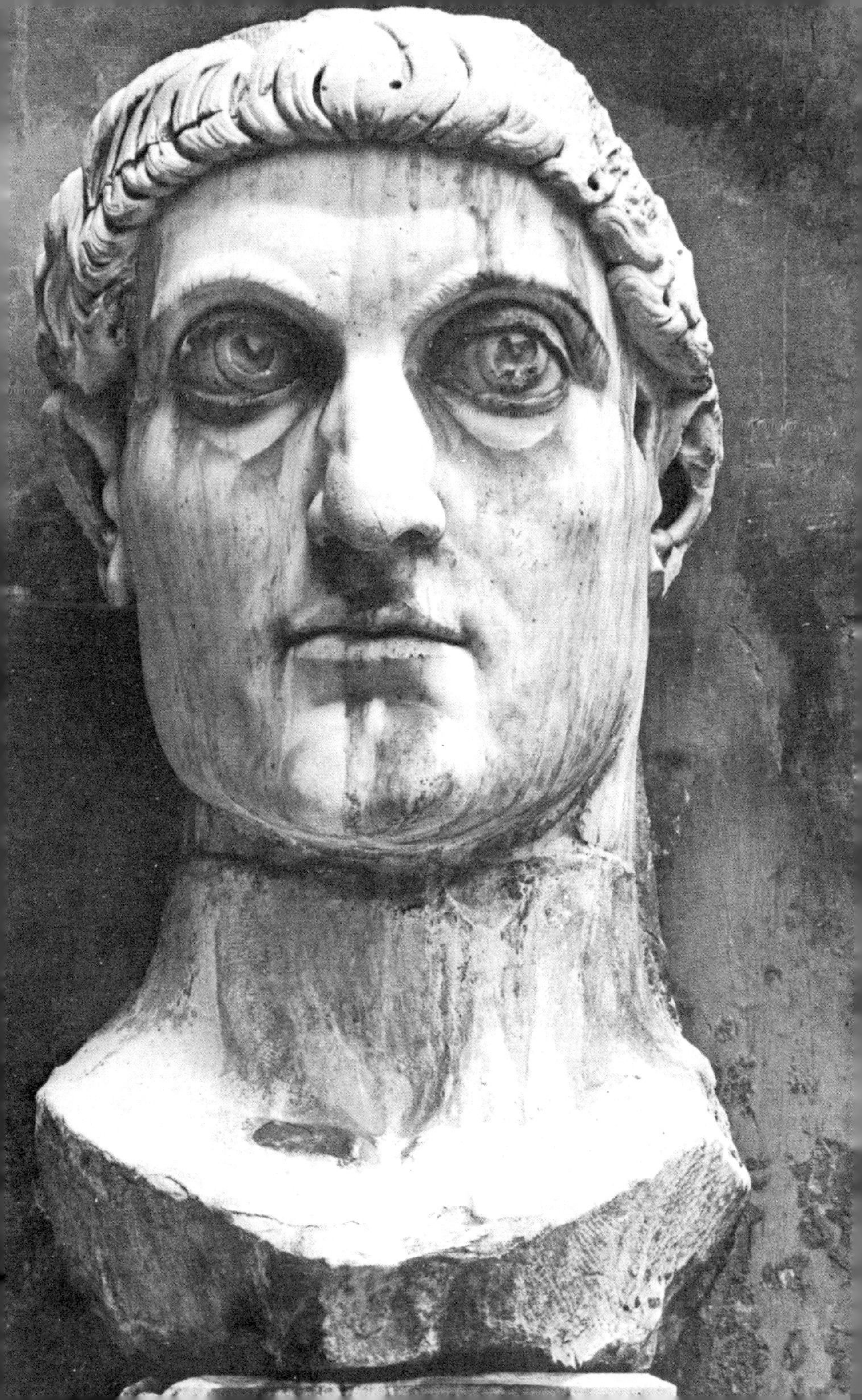

轨到罗马世界的文化与理想上,两代人以后的 312 年,君士坦丁这位罗马皇帝归信基督教或许就不会发生,或者即使发生了,也会有着截然不同的意义。

亚历山大里亚的奥利金(约 185—约 254 年)是卓越的天才,他的作品总结了这场同化冒险的可能性。一连串希腊语主教继承着他的工作,其高峰就是君士坦丁皇帝的同代人和顾问、于大约 315 至 340 年担任凯撒里亚主教的优西比乌(Eusebius)的作品。对奥利金及其门生来说,基督教是"自然的""原初的"宗教。基督把基督教义的"种子"播撒进了每个人之中。自创世以来,人们就各不相同地受到他的照管。基督因此也"照管"了希腊文化的精华,尤其是希腊哲学与伦理学,和他向犹太人揭示律法同样审慎;基督建立普世基督教会,和奥古斯都奠定了普世的罗马和平明确地同步了。因此,基督徒既不能拒斥希腊文化也不能排斥罗马帝国,否则就是罔顾人类的神定进程;而基督教则是神之教育的高峰,是"真正的"教化(paideia)、"真正的"文化。奥利金及其后继者教导异教徒,成为基督徒意味着要从道德与知识成长上困惑而未发达的阶段,最终迈入文明的核心。在 3 世纪晚期的石棺和湿壁画上,基督以神圣教师(Divine Schoolmaster)的形象出现,穿着文学教授的简朴长袍,像奥利金一定曾做过的那样,向一圈安静而好好打扮过的门生授课。基督教主教成了诸多希腊城市中知识分子圈子的一部分:主教也坐在教师"席位"上——即他的"教座"(cathedra)[①];也被看作在向他的教学群体

[①] 许多欧洲语言中"主教座堂"一词(如英文的 cathedral)即来自此。

(didaskaleion)"讲授"着单纯而发人深省的道德论述。

4世纪早期是基督教护教士们的伟大时代：用拉丁文写作的拉克唐修（Lactantius，约240—约320）和用希腊文写作的凯撒里亚的优西比乌。他们对受过教育的大众的吸引，与302—310年的最后一次"教会人迫害"（Great Persecution of the Church），以及312—337年君士坦丁的归信和作为基督教皇帝的统治正处同时。护教士们的基督教不仅是一种找到了与周遭文明一起生存的方式（modus vivendi）的宗教。他们将基督教描述为远超于此的存在。他们宣称，基督教是这种文明的唯一保障：只有通过基督教启示的保障，古典哲学的最佳传统和古典伦理的最高标准才能在面对野蛮时坚守下来；而只有基督教上帝的保护才能拯救被

图62 教师基督。5世纪象牙匣

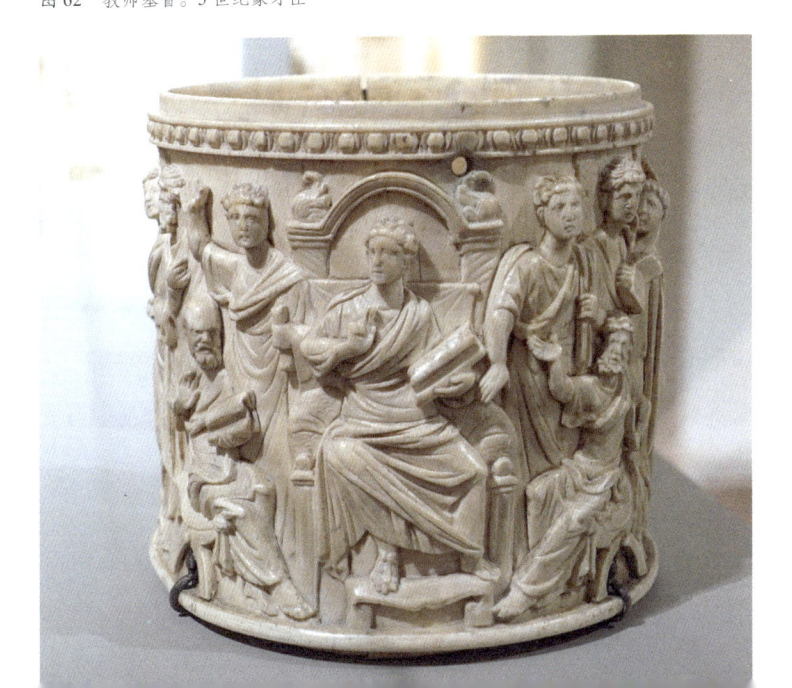

围困的罗马帝国，使之免于毁灭。

这样的信息利用了 3 世纪晚期地中海世界城市居民们的"大恐慌"。我们当始终谨记，古典文明是一层脆弱贴面上的文明：只有 1/10 的人生活在文明化的城镇中。这个城市的外壳从未像 3 世纪末这样，感到自己对广袤世界的控制如此摇摇欲坠。城市人群保有着自己的特权，但他们却在乡野的面前相形见绌，而古典人对乡野的面貌已经不甚了解了。在许多农村地区，从不列颠到叙利亚，与古典奥林匹斯诸神截然不同的远古崇拜以前所未有的坚定抬头了。边境以外的原始部落则在恐怖的"洗劫"[①] 中使人知晓他们的存在。更有甚者，这些城镇传统的保护者们——皇帝及其军队从未看上去如此疏远。罗马军队驻扎在边境，并从边境人口中征兵。它始终是地中海世界的外人：在戴克里先 284 年上台之前的一代人中，军队正面临着变为异族群体的危险。指挥官们需要告知拯救了帝国的多瑙河行省人们，他们是要去保护而非恐吓平民。当我们将戴克里先及其同僚粗拙而整齐划一的形象，与同时期上层阶级基督徒精致而古典的石棺相比较时，我们意识到，相比于在帝国的新主人与古代城市传统之间可能会裂开的巨大罅隙，异教徒与基督徒平民之间的旧有区分或许显得不那么重要了。到了 300 年，基督教主教至少已成了多数城市风貌的一部分：在文明的希腊世界中，讲拉丁语的士兵们才是外人。

戴克里先即位后和平再临，新兴的军事统治阶级和地中海城

---

① 原文是 razzia，原本是用来描述 18 世纪巴巴里海盗为劫夺钱财和奴隶进行的突袭。

市文明之间的伤痕开始愈合。但此时，又有两个群体宣称代表了这一文明：传统的异教统治阶级，3世纪晚期柏拉图哲学的复兴与扩散已经展现了他们的恢复力和高水准；但他们却处在被基督教主教新的"中端"文化盖过的危险之中，而后者的组织力与适应力早在上一代人中就得到了决定性的证明。

起初，对皇帝而言，生存的组织比文化更加重要。戴克里先是一位真诚而死硬（borné）的罗马传统主义者；但他在统治的19年间，对基督徒完全没有任何想法。始自302年并断断续续近10年的"大迫害"，对受尊敬的基督徒来说如当头一棒。他们发现自己被正式地从社会中驱逐了，而他们曾那么极力地将自己代入这个社会。这是一次恐怖且总体来看极其令人泄气的经历。他们被另一场突发事件拯救了。在312年，一位得位不正的皇帝君士坦丁，在罗马城外的米尔维桥（Milvian Bridge）战胜了劲敌。他将这场胜利归功于基督教上帝在一场异象中赐予的保佑。

如果说自助者天助，那么没有别的群体比基督徒更配得上312年君士坦丁"归信"的奇迹了。因为基督教领导者们以惊人的执着与智慧把握住了机会。他们在君士坦丁的新情绪中包围了他：行省的主教们，特别是科尔杜巴的何西乌（Hosius of Cordova，约257—357年）都与皇帝的宫廷搭上了关系；其他的主教则从阿非利加将皇帝以法官的身份扫进他们的地方事务中；拉克唐修成了他儿子的教师；而当君士坦丁于324年最终征服了东部诸省时，凯撒里亚的优西比乌迎接了他，并按照皇帝的安排，用传统希腊修辞未曾得以鼓起的热忱与技巧，落笔记下了君士坦丁那严峻而过时的前任们：戴克里先和伽列里乌斯。

这种对基督教宣传的长期开放，才是君士坦丁的真正"归信"。起初他只控制基督教化程度不高的西方诸省时，基督教的宣传规模不大；但在324年后，高度基督教化的小亚细亚领土被并入了他的帝国时，这种宣传达到了高峰。而其结果也是决定性的。君士坦丁本来很可能只是一位"敬畏神明的"皇帝，并出于个人原因准备宽容基督教：在3世纪已有过许多这种例子（其中一位，"阿拉伯人"菲利普［244—249年在位］甚至被当作秘密基督徒）。考虑到这一时代的宗教气氛，他宽容基督教会的决定也没有理由不被归因于基督教上帝的暗示。君士坦丁拒绝了这种简单而明显的解决方案。他最终成了我们从他的演说和敕令中了解的那位皇帝：一名头顶皇冠的基督教护教士。他是从那个时代基督教护教士已经呈现给一般受教育平民的基督教阐释的角度，来看待自己和自己作为基督徒皇帝的任务的。在成为基督徒时，君士坦丁公开宣称他正在拯救罗马帝国；更有甚者，在与主教们打成一片时，这位中年拉丁军人诚挚地相信，他已进入了"真正的"文明那着迷了的圈子之中，并抛弃了最近还在攻击教会的粗人们的庸俗主义。

可以推测，君士坦丁不仅归信了基督教，还转而接受了地中海生活的许多其他方面。身为军人之子，他投向了文官的生活方式，这种生活被戴克里先时代阴沉的官僚们极大地忽视了。自311年以后，君士坦丁重新让土地贵族稳定下来：他是"元老院的光复者"（restorer of the Senate），西部的贵族受惠于他许多。

图63 "想要推翻古代已经定好和确立的东西,是最大的罪行。"戴克里先及其同僚正在举行异教的献祭。基督徒廷臣甚至会参与这些场合。在大迫害期间,基督徒们也会断断续续地被迫做这样的献祭:对于异教徒来说,献祭是一种自然与得体的对待诸神的表示(对照图85)。塞萨洛尼基的伽列里乌斯凯旋门(Arch of Galerius)细部

332年,他授予这些地主对其佃农的广泛权力。324年以后,他在讲希腊语的东方于自己身边组织起了一群新的文官统治阶层(见本书第23页)。他给了小亚细亚行省士绅期许良久的东西:君士坦丁堡,一座"新"罗马城。帝国宫廷沿着连接多瑙河与小亚细亚的路线移动着,而君士坦丁堡则在其方便范围之内。对希腊元老和官僚来说,许久不再通向罗马的条条大路很自然地在这座新首都汇聚了。

君士坦丁很有智慧地鲜少说"不"。第一位基督徒皇帝接受了雅典公民们授予的异教荣誉。他遍寻爱琴海的异教古典雕像来装点君士坦丁堡。他对待一位异教哲学家如同自己的同僚。他为一位走访埃及异教遗迹的异教祭司付了旅费。在每个人都面临"紧缩"和基督徒们面临"恐怖"的整整一代人之后,君士坦丁凭着精打细算的浮夸,奠基了4世纪早期的"大解冻":这是一整

个得到恢复的、簇拥着皇帝的文官社会,异教徒和基督徒则在其中共存。

在这个恢复了的世界中,基督徒这个群体占了最为灵活和开放的优势。主教们可以接受一位不通文墨的皇帝。他们已习惯了自学成才者和自称只受上帝教导的真正的怪才。需要记住,君士坦丁是第一位基督教隐士圣安东尼(见本书第104页)的同代人,只是更为年轻。在古典教师眼里,讲拉丁语的军人或讲科普特语的农家子弟,都不会被看成是可造之材;但凯撒里亚的优西比乌为军人君士坦丁作了传记,而亚历山大里亚的阿塔纳修,一位同样精明世故的希腊人,则为埃及人安东尼作传。君士坦丁及其继承人们进入地中海平民文明,并不是穿过异教文学贵族的窄门,而是凭着古典文化的最小公分母,跨过了基督教"中端"认同的宽桥。

他的儿子君士坦提乌斯二世于337至361年的统治,使新的生活风格成为定局。这位狭隘而饱受非议的人将其父君士坦丁的巧妙手腕转化成了持久的现实。主教们加入了官僚体系,成为以皇帝宫廷为中心的新统治阶级成员。君士坦丁已经在皇家晚宴这种柔和氛围中,做出了自己是基督教会一位"特别主教"这一他最亲切(也最神秘)的宣告。但在君士坦提乌斯二世治下,主教们则得知,如果他们是廷臣,就必须做好准备像廷臣一样起落浮沉:亚历山大里亚的阿塔纳修曾5次遭到放逐(一生中共计十七年半);安条克主教被告发诽谤皇后,并被诬告嫖娼;这都是强权宫廷边缘另一个特权群体形成过程中的丑陋症状。

图64 君士坦提乌斯二世（337—361年在位），君士坦丁之子。他很大程度上作为一位拜占庭独裁者踏入罗马，如一尊雕塑般立着，"既不向左，也不向右看，仿佛头颅由钳子固定一般"。4世纪青铜头像

君士坦提乌斯二世的宗教政策表明了他标志性的对中间道路的精明追求。他支持阿里乌斯派，因其对基督与圣父关系的论点在哲学上更可接受。这一信条由一位亚历山大里亚教士阿里乌斯（约250—约336年）表达出来，而他面对着教会上司，亚历山大里亚大主教阿塔纳修决不妥协的敌意。阿里乌斯享有饱学的主教们的默默支持，譬如年长的政治家，凯撒里亚的优西比乌。支持阿里乌斯派意味着君士坦提乌斯选择了前一代饱学的基督教护教士的宗教，而反对阿塔纳修基于埃及修士们日渐增长的热忱的值得怀疑的新兴虔信。如君士坦丁时代一般主教所见，基督教的胜利是一场严格一神教对多神教的胜利。殉教者也是为了唯一的、至高的神而死。对4世纪有教养的基督徒来说，至高上帝只有借由一位中介者才能向物质世界显现自我。基督在某种程度上不能不是神的映像；他不可能就是神：因为独一神的唯一存在必定是集中而先验的。阿里乌斯派的神是亚伯拉罕、以撒和雅各的那位

嫉妒的神：但他们的基督则是新柏拉图哲学家们高端宇宙的神一般的中介者。阿里乌斯主义对新生宫廷社会的想象也很有吸引力。因为基督被看作在此世"代表"着上帝，很像是坐在皇帝的图像之下的行政长官，"代表"着身在遥远宫廷的君士坦提乌斯二世。

君士坦提乌斯二世享有小亚细亚和多瑙河诸行省受过良好教育、观念传统的主教们的支持。这个各个派系组成的群体，预兆着中世纪拜占庭帝国的边境：一个以希腊文化为主流的保守、忠诚的"罗马人"组成的坚强集团，已在维持原始的拉丁西部与繁荣的东部之间的平衡。与这些主教相对应的世俗人士，则涌向了君士坦丁堡：他们带着讲希腊语的小亚细亚地区的语言和建筑风格来到了新首都。无论是世俗人士还是主教们，都以希腊文化修饰过：他们都阅读荷马，有些人甚至去过雅典。但他们的古典主义是4世纪早期"消毒"过的成功主义文化（见本书第28页）；他们阅读希腊文学是为了获取士绅的技能，而非学习与诸神相关的知识。这些人活该被19个月大张旗鼓的异教统治惊吓到，那就是从361年到363年的"叛教者"尤利安皇帝的统治。

借着命运的因缘际会，君士坦丁的侄子尤利安得以自由地接受良好教育。当他的堂兄君士坦提乌斯二世带着"失根的"（déraciné）宫廷巡行帝国时，尤利安则"归化"到了爱琴海诸城有文化的希腊人中（见本书第74页）。他被一支绝望的高卢军队推上帝位：但他是一个世纪以来第一个受过真正教育的皇帝，也比马可·奥勒留更为严厉、更为能言善辩。

尤利安在为了"希腊人共同体"发声。他代表了小亚细亚古

图 65 "叛教者"尤利安（361—363 年在位）。在一连串面净无须的拉丁独裁者之后，尤利安夸耀着自己那像希腊哲学家的长髯

注：根据最近的研究，这一雕像应被定为哈德良时期的一位塞拉皮斯祭司的雕像。

老希腊城市那些受到压抑的上流绅士：这些"诚实人"已怀着日渐增长的愤怒，观看着君士坦丁和君士坦提乌斯二世宫廷社会的渎神行径、下流的富裕和深刻的智识上的乱局。通过将铺张的异教仪式制度化、提升异教祭司的地位，尤利安向他们表明，诸神不仅存在，而且其存在也能被看到。在君士坦丁以来宫廷生活如雨后春笋般茁壮发展之后，尤利安建立了一套"紧缩"的制度，他使上层阶级回想起曾被 4 世纪早期的社会流动洗刷掉的地标：他促使这些人回想起异教祭司的古老地位，以及对穷人负有社会责任的古老传统。他希望将被暴发户（nouveaux riches）与压抑的士绅、城市议会与基督教主教分裂的城市重新团结在古老的神庙周围。

尤利安统治的"异教反攻"远不只是把时钟拨回马可·奥勒留时代的浪漫化努力。和诸多的"反攻"一样，这是一种跟通敌者

图66 书的宗教。4部整齐的福音书册立在一个橱柜中（与图23中精美的古代卷轴截然不同）。拉文纳的加拉·普拉基蒂娅皇后（Galla Placidia）陵寝中的镶嵌画，5世纪

算账的愤怒尝试。尤利安自然苦恼于基督教在下层阶级中的迅速扩散；但他仇恨的真正对象，是在君士坦丁和君士坦提乌斯二世政权中向基督教妥协的那些希腊上层阶级成员。他极力攻击的，正是这种上层基督徒们的半吊子（demi-vierge）古典主义。他坚持，古典文化的教化是诸神给人的馈赠。基督教则是糟践了希腊文化的天降赠礼：他们的护教士利用了希腊的渊博知识和哲学答问来亵渎诸神；基督徒廷臣则享着希腊文学的福，让自己看上去有文化。在363年，基督徒们被禁止教授希腊文学："如果他们想学习文学，他们有路加和马可：让他们回到自己的教会解说那些吧。"

363年，尤利安死于一场对波斯的远征，时年31岁。假如他活了下来，他会意图使基督教遁出帝国的统治阶级，这很像是13世纪中国，复兴了的儒家士大夫群体将佛教逐回了下层阶级。无论基督教在下层阶级有着什么"野蛮的"衍生支流，尤利安的罗马帝国"士大夫"都应当是真正的"希腊人"：他们应当受到荷

马的滋养，无惧加利利渔夫们的福音书渗透。尤利安诊断了晚期帝国希腊主义的资源，其措施之精明，正是身为教师、诗人、文士（littérateurs）和官员的许多希腊人，直到 6 世纪末仍能做顽固"希腊式"异教徒的原因。

很少有什么东西能像"叛教者"尤利安的作品和政策这样，如此清晰地集成并如此犀利地评断了半个世纪的议题。但历史证明，尤利安错了。他的作品能被传于后世这件事本身，就证明了基督教和希腊主义之间的妥协最终保留了下来：因为这位"叛教者"的作品，是在 13 世纪的拜占庭由人文主义修士和主教精心制作的一套豪华写本中保留至今的。①

这并不是说尤利安不现实。他带着一种由恨意滋养的清晰，看到了他那个时代的一个明显特征——基督教像潮湿的污渍一样攀上了他热爱的希腊文化的墙垣。他没有看到的是，同样是这个基督教，能够把精英的古典文化传递给罗马世界的普通公民。基督教主教是他们认同的文化的传教士。

因为基督教本质上是一种"考克尼式"（Cockney）②的宗教。它紧紧抓住了整个帝国中城市生活的轮廓。在至少最低限度地承担了教人识字的任务这方面，基督教也是"考克尼式"的：一个埃及农民加入修道院后发现，自己要做的第一件事是学习阅读——以便理解圣经（基督教之确立在时间上明显吻合于书籍生产的显著进步：笨拙的卷轴被紧凑的、像是现代对开页面的书册

---

① 即所谓《沃西安写本》（codex Vossianus）。
② 原指伦敦东区的工人阶层，这里泛指城市庶民文化。

一样的册子本［codex］所取代）。

举一些地方性的例子：对尤利安来说，在像卡帕多奇亚这样的落后省份，"希腊主义"似乎是一层脆弱的表象。然而，卡帕多奇亚诸城的基督教主教们，虽然和他们的异教同僚属于同一阶级，却没有像后者那样被周边人群难以控制的"野蛮"行为所吓倒。他们坚决地用希腊语向周边人布道，把他们招入讲希腊语的修道院，并派讲希腊语的牧师到乡村。这样，卡帕多奇亚成了一个讲希腊语的地区，直到14世纪。

主教使用的适应力强而教条的希腊语可以比修辞学家耐心却内向的古典主义传播更快。它甚至可以被翻译和移植到帝国边界之外。从4世纪起，亚美尼亚就通过与卡帕多奇亚教会上的联系，成为了一个"次拜占庭"行省：甚至亚美尼亚语对译的元音都保留了在希腊早已消失的古典希腊语发音。每当我们说"教堂"（church）一词的时候，我们的声音都回响着卡帕多奇亚基督徒的声音，是他们影响了圣经的哥特语翻译：因为哥特语的"教堂"一词（ciric，今日的church、kerk、Kirche[①]均由此而来），是从基督教希腊语的"上帝之家"（kyriakos oikos）派生而来的。

在埃及，基督教也促进了科普特文作为文学语言的发展。采用科普特语，绝非如人们经常自信断言的那样，是埃及"分离主义"死灰复燃的迹象。在4—5世纪，埃及的"孤立主义"是异教的。这一思潮着重于埃及的"圣地"及其神庙，并用希腊文自我表达。相比之下，科普特文是一种参与的文学。科普特文中满

[①] 分别是英文、荷兰文和德文中的教堂。

是外来词；并且，通过科普特文，上埃及的神职人员和修士们感到，在他们无从追忆的古老历史上，他们第一次能够欣然接受远方的思想和政策，并且能够为远至君士坦丁堡和高卢的共同的修道院文化定下基调。正如多瑙河行省人已经表明的那样，通过军队，他们不用炫耀对古典的知识就能在罗马帝国中分得一份股份；因此，埃及、叙利亚或北非的基督徒们，现在感到自己卷入了帝国统治阶级所关注的宗教问题。

图67 新的基督教参与者：来自埃及法尤姆（Fayum）绿洲的罗蒂娅（Rhodia）。6世纪墓碑

5. 新民族：修道主义与基督教的扩张，300—400 年

当普罗提诺在罗马城外一位元老的庄园里阐明柏拉图的智慧时（公元 244—270 年），在普罗提诺遥远的故乡埃及，一个富裕农民家庭的儿子正在村子里的基督教堂做礼拜。这个叫安东尼的年轻人，把日课中诵读的耶稣之语——"去变卖你所有的，分给穷人……你还要来跟从我。"[①]——当作对他自己的命令。大约在 269 年，他开始过隐士生活。渐渐地，他脱离了村子的外围，越来越远，并在 285 年进入了更偏远的大沙漠。当他于 356 年以 105 岁高龄辞世时，他已经在一片令人生畏的荒野中生活了 70 多年，那里离最近的城镇也有几周的路程。如古人所知，安东尼已从文明社会退却了。然而安东尼成了"修士之父"。他成了一部伟大传记的主人公，其作者不是别人，正是阿塔纳修，亚历山大里亚宗主教。这位曾经逃避上学的腼腆的埃及农民之子，开始影响罗马帝国每座城镇的基督教会。

普罗提诺和安东尼这两位杰出的埃及人标志着古代晚期宗教史上的分道扬镳。他们观念有着相同的氛围：普罗提诺"活得像一个为出生在人类身体之内而感到羞耻的人"，而安东尼在不得不吃饭时"羞惭"。二人都因为精神对身体的"神一般"的控制而受到敬佩。但是他们为达到同一目的所选择的方法是截然相反的。对普罗提诺和他的异教后继者来说，彼世感产生于传统文

---

① 本句见于圣经《马太福音》第 19 章第 21 节、《马可福音》第 10 章第 21 节以及《路加福音》第 18 章第 22 节。

图 68 举起双手祈祷的修士。7世纪科普特石灰岩浮雕

化，就像山脉中的最后一座冰峰：晚期罗马哲学家的苦修主义的基础是古典文学和哲学的训练，如同喜马拉雅的山麓，似乎不可撼动。异教中"神一般"的人只能产生于那些以文明绅士的方式受过古老教化的知识分子之中。正如我们所见，3世纪末和4世纪初的一般的基督教主教已经几乎同样具有这一理想了——他们生活简朴、很有文化，且完全城市化。但是基督教会仍然对其他形式的天才保持开放：例如，即使是博学如奥利金，也在基督教会中为那些从字面上接受基督命令的"单纯"的百姓留下了空间。在奥利金时代的一代人内，基督教开始传播到埃及、叙利亚和（在较小程度上）北非的乡村。像安东尼这样的人会听从基督的激进教导，并且像安东尼一样，做出激烈的反应，与他们的周遭环境彻底决裂。这种决裂可以用一个长期指代那些在危难或受压迫的时候选择离群的埃及农民的术语来总结——成为"离地者"（anachoresis，英文的 anachorite 就出自这个词）。

对于普罗提诺和许多基督教主教来说，与世界的脱离是在不与周遭文化和社会发生任何决裂的情况下悄悄提炼出来的。一种明确的、物理上的"离地"姿态是植根于安东尼的精神生活的：离开文明世界是新苦修运动必要的第一步。无论其展现为何种方式，这位新的基督教圣人都选择了一些公然与地中海文明生活规范相对立的东西。因此不可避免地，这些人组织自己的方式、他们创造的文化、他们宣扬的行为标准，甚至他们喜欢聚集的地方，都标志着与过去的决裂。4世纪席卷罗马世界的苦修主义的吸引力和意义就在于此：这是一群声称已经开始全新生活的、自诩

"离地者"的人们的集聚。

这种基督徒的"离地"以惊人的速度从许多地区蔓延开来。美索不达米亚是其中一场爆发的中心，其冲击波波及整个近东。在尼西比斯（Nisibis）和埃德萨（Edessa）周围地区，特别是图尔·阿卜丁（Ṭūr ʿAḇdīn，意为"神的仆人"之山，即修士之山）的险峻群山的叙利亚苦修主义，向北传播到亚美尼亚，向西传播到了安条克市井：它丰富了，也困扰了彼此相距遥远的君士坦丁堡、米兰和迦太基等地中海城市的生活。

叙利亚人是苦修运动的"明星"：穿着兽皮的荒野流浪者，乱蓬蓬的头发让他们看起来像鹰一样，这些"烈火之人"以他们的表演姿态，使希腊罗马世界惊讶而不安。在5世纪，他们最典型的代表是"登柱"（Stylite）圣人——蹲在柱子顶端的人。这种特异行为的创始人西默盎（Simeon，约396—459年），在安条克的山区深处，在一根50英尺①长的柱子顶端受人瞩目了40年。

与之形成对比的是，在埃及，苦修主义有着不同的表现。一个精明而焦虑的农民阶层撇清了叙利亚人激烈的个人主义。埃及人觉得他们生活在一个令人迷惑的世界里，就像身处一个布满魔鬼陷阱的雷区，成为修士的乡邻们之间精力旺盛的争吵也很容易扰乱他们的世界。他们选择了谦卑，选择了有限但持续不断的祈祷和体力劳动，选择了用人数保证安全，选择了铁一样的纪律。帕霍缪（Pachomius，约290—347年），一位曾被迫加入君士坦

---

① 1英尺等于30.48厘米。

丁军队的农民，开始创立一种有组织的修道生活，在320年从底比斯地区的塔本尼西（Tabennisi in the Thebaid）开始，在上埃及将作为细胞的隐士们逐渐联结成大规模定居点。他的"殖民地"构思巧妙，实施得有条不紊，其扩张的速度和适应性远远超过了晚期罗马帝国的任何一次有组织的冒险：到4世纪末，帕霍缪构想的大修道院容纳了7000名修士。

埃及的实验创造了属于他们自己的民族特质。埃及教父"阿爸"（Apa，我们的abbot［修道院院长］一词来源于此）为在4世纪晚期建立起的、远达鲁昂（Rouen）和卡帕多奇亚的凯撒里亚（Caesarea in Cappadocia）的修道社群确立了模板。他们的《言行录》提供了一种引人注目的新文学体裁，它接近寓言和民间智慧的世界，整个中世纪都在传承其主题和轶事，并远传到俄罗斯。在这些《言行录》中，埃及农民第一次向文明世界发声：中世纪的欧洲圣徒的试炼（Temptation），几乎无一不是模仿那些最初与一座埃及村庄郊外的安东尼相关联的故事。

我们对苦修运动在其近东背景下的起源知之甚少，但足以让我们怀疑任何简单的答案了。有说法称修道主义是一场逃亡和抗议的运动：被压迫的农民团体逃到大修道院的安全地带，他们对地主的不满，与他们攻击希腊城市的古典异教和古典文化的狂热交织在一起。而事实上，修道运动的创始人和他们募集的成员都不是受压迫的农民。他们的不满（malaise）更加微妙。晚期罗马的埃及这片土地上遍布着充满活力的村庄，在这里，新的财富和新的机会的破坏性效应，与包税人由来已久的掠夺，一同造就了

图 69　明星。柱头圣人（Stylites，出自希腊语 stylos，意为"柱子"）西默盎蹲坐柱上。他凛然面对着化成大蛇的魔鬼。要咨询他的访客会爬上（左侧）阶梯。作为基督教最早的圣象之一，像图中这样的纪念品将西默盎的名望扩散到波斯、罗马和巴黎。6 世纪叙利亚圣物盒上的金版。现藏于卢浮宫

这里的紧张局势。埃及和叙利亚的村庄产生了更多富裕的怪人，他们的才能在成功农民群体那小心谨慎又根深蒂固的日常生活中找不到出路：安东尼不能适应教育；马加略（Macarius）曾是走私犯；帕霍缪曾因服兵役而背井离乡；"可亲者"摩西（Moses the Amiable）则曾是拦路强盗。

尽管我们对苦修运动的起源知之甚少，但我们对 4、5 世纪社会中修士们"离地"行为的功能和意义却多有了解。人们认为，圣人通过跨越许多可见的社会界限而获得了自由和一股神秘的力量，他们与其说是被压迫，不如说是为了生存而顽强地组织了起来。在几千年来都致力于与自然抗争的村庄里，圣人有意选择了"反文化"（anti-culture）——邻近的沙漠、最近的山崖。在一个

图70（左图）"阿爸"（Apa），诸修士的师父。精神导师可以成为令人畏惧的权威角色。一位圣帕霍缪（St. Pachomius）的修士说道："主的灵与那人同在。如果他说死我就去死，如果他说活我就活下去。"6世纪科普特玄武岩碑，可能是一位修院长的墓碑

图71（右图） 战胜恶魔。骑士圣徒西西尼俄斯（St. Sisinnios）刺穿了一个女恶魔。帕维特圣阿波罗（St. Apollo）修道院的埃及湿壁画，6或7世纪

全然等同于城镇生活的文明中，修士们做出了荒谬之事——他们"在沙漠中建造了一座城市"。最重要的是，在这个认为人类被无形的恶魔力量所包围的世界中（见本书第55页及以下），修士们成了对抗魔鬼的"赏金猎人"（prize-fighter），从而声名大振。他们抑制住了恶魔的恶意；他们还能够在魔鬼面前放声大笑，而带着全套护身符和对抗巫术的药方的普通人，根本不觉得自己有这个本事。圣人的力量表现在他与动物世界的关系上——动物世界一直象征着鬼怪（demons）的野蛮和破坏性：圣人赶走了蛇和猛禽，他以豺狼和狮子的温和主人的身份安居下来。最重要的是，

圣人被认为已经获得了最令人羡慕的特权,一种晚期帝国的居民渴望至极的特权:他在上帝令人畏惧的威严面前获得了"直言"(parrhesia)[1]的特权。因为4世纪基督教的上帝显然是一位皇帝。只有那些一辈子都毫不犹疑、战战兢兢地服从他命令的臣民,才能以受宠爱的廷臣的身份自由地接近他,这些人的祈祷也因此能得到惊人的回应。

正是这样的信仰,让我们得以真切生动地一窥晚期帝国公共生活的特质,它对当时大众想象施加的印象正是如此。晚期罗马帝国不是一个极度错位和压抑的世界,而是一个持续彻底的世界;在这个世界上,上帝和皇帝的刑法被残酷无情地执行,这个世界的希望并不在于革命或改革,而在于少数有权势者不可预测的干预所带来的偶然的好处。当一位圣人去世时,当地通常会把他的生命当作一片虽然易逝,却打破了正常生活恶劣气候的阳光而记住:因为圣人在天庭的影响力,已经从上帝对待地中海农民的严酷铁律中为他们赢得了暂时的赦免——即瘟疫、饥荒、地震、冰雹的停止。

而且,一如人们想象天上的上帝是如此严峻,人们也从心底畏惧地上的皇帝及其随从。又一次地,圣人成为东罗马社会中仅存的能阻挡皇帝制裁的力量之一。当安条克市民在387年的一场暴乱后等待残忍惩罚时,皇帝差遣的官员们突然发现通往这座在劫难逃的城市的道路被一群讲叙利亚语的圣人封锁了。当这些形

---

[1] 英语原版将这个词翻译为"freedom to speak"(言说自由)。

象荒蛮的人物为这座城市说情，他们的演讲从叙利亚语翻译成希腊语时，一位目击者写道：旁观者"站在周围，浑身发抖"。

圣人抑制恶魔并通过祈祷来扭转上帝意志这一观念开始主导晚期古代社会。在许多方面，这个观念和这个社会本身一样新鲜。因为它把一个"有权力的人"置于民众想象的中心。以前，古典世界倾向于从"事物"（Things）①的角度来思考其宗教。古老的宗教围绕着宏伟的神庙，在这些神庙的古老石头的映衬下，即使是最能打动人的祭司也相形见绌；诸神在自己的神谕所中不带人格地开口；诸神的仪式假定了一种生活，在这种生活中，社群、城市比个体更为重要。然而，在4、5世纪，作为"有权力者"的个人开始盖过了传统社群：皇帝本人使得元老院和罗马城黯然失色；单个的庇护者（patronus）逐渐凸显，威胁着侵蚀市政议会的团结（见本书第38页）。类似转变的表征之一就是登柱圣人西默盎：他在柱头上非常引人注目，光彩无限，在离废弃的巴勒贝克神庙不远处，为整个东部帝国的统治阶级详察诉讼、发布预言、治疗、谴责和建议。在大众的想象中，圣人出现，取代了神庙，标志着古典世界的终结。

在4世纪末，诸神的神庙在大多数大城市和周围的乡村都得以保存下来。君士坦丁之后，部分神庙被"世俗化"了；但是人们仍继续参观着神庙，无论是异教徒还是基督徒，有教养的市民也将它们作为公共纪念物而尊敬，很像一些社会主义国家的美丽

---

① 即海德格尔的 Dinge。

图 72 身为基督朋友的圣人。和戴克里先将手放在同像肩上（图 12）一样，圣米纳（St. Menas）也被基督指定为他可信的同像与顾问。埃及帕维特 6 或 7 世纪的彩绘木板

的大教堂。然而，对许多主教来说，神庙是他们会众感染的"传染病"的一大源头。对修士们来说，神庙是他们的敌人魔鬼的堡垒。到了 4 世纪晚期，亚历山大里亚的伟大神庙的极近距离内，有大约 2000 名修士。在这些人当中，一种严格服从以及不懈地努力控制自己的思想与身体的生活，创造了一种爆炸性的攻击性气氛，而其针对的则是"邪恶的一"及其在地上幸存的代表们。从美索不达米亚到北非，一波宗教暴力席卷了城镇和乡村：388 年，修士们在幼发拉底河附近的卡利尼科（Callinicum）焚烧了一座犹太会堂；与此同时，他们恐吓了叙利亚的村镇神庙；391 年，亚历山大里亚宗主教提奥斐罗斯（Theophilus）召集修士们"清洗"塞拉皮斯的伟大圣所，塞拉皮斯宫（Serapeum）。由阿特里颇的舍努提（Schenudi of Atripe，卒于约 466 年）领导的修士警

戒团，巡察上埃及的城镇，抄异教士绅的家以寻找敬拜的偶像。在北非，类似的游荡修士"围劫者"（circumcellions），手持被称为"以色列"（Israels）[①]的棍棒出没于大庄园中，他们"赞美上帝"（Laudate Deum）的呼喊比山狮的咆哮还恐怖。415年，埃及修士们用私刑处死了一位高贵的亚历山大里亚女士希帕提娅；令受教育人士舆论哗然。

因此，异教被残酷地连根拔除。对于被这场意想不到的恐怖主义浪潮吓住的异教徒来说，这就是世界末日。一个人写道："如果我们还活着，那么就是生命本身死了。"

然而，这段残酷的插曲是更深层变化的一部分。在4世纪的最后几十年，基督教第一次成为罗马帝国的主要宗教。在主教的动员下，普通的基督徒得到了他们想要的东西。4世纪80年代的基督教会众想要一个"基督教的"帝国，清洗掉诸神的沉重遗产，由一个与他们同样具有对犹太人、异端信徒和异教徒的偏见的皇帝统治。皇帝们让他们自行其是。对皇帝们来说，这是一个精明的举动，因为晚期帝国的城镇都如丛林般，缺乏监管且经常受到饥荒和暴乱的威胁。在4世纪后期，由于巴尔干地区蛮族重新入侵，这些城镇不得不面对突发且增长了的高税收压力。当市民暴动的事由直接影响到皇帝的财政和军事需求时，他们遭到了无情镇压。在390年，当塞萨洛尼基（Thessalonica）居民私刑处死了当地军务长官（magister militum）时，皇帝提奥多西一

[①] 原文是形容词，"以色列的"。

图 73（左上图） 亚历山大里亚宗主教提奥斐罗斯（Theophilus）。这份 5 世纪亚历山大里亚编年记残片，描绘着他脚踏着塞拉皮斯宫遗址

注：这份编年记即所谓"格列尼雪夫编年记"（Golenischev Chronicle）。

图 74（右上图） 米兰主教安布罗修。先做行省总督后为主教的他确保了皇帝废除在罗马的官方异教崇拜，并且让提奥多西苦修赎罪。安布罗修写道："我们这些祭司们，有自己的方式掌握权力。"出自米兰圣安布罗修教堂（Sant'Ambrogio）的 5 世纪镶嵌画

图 75（右下图） 提奥多西大帝（379—395 年在位）。图版出自 4 世纪晚期的一面纪念银盘（missorium）

注：missorium 是中世纪以后古物学家给这种古代晚期纪念银盘起的称呼，未见于罗马史料。该盘现藏马德里皇家历史学会（Real Academia de la Historia），其正面环绕铭文称"我们的主公、永远的奥古斯都提奥多西，于其至福的十年纪念日"[D(ominus) N(oster) Theodosius Perpet(uus) Aug(ustus) ob diem felicissimum X]，表明这个银盘制成于 388 年皇帝在塞萨洛尼基庆贺登基十周年前后。

世（Theodosius I，379—395年在位）血洗了该城；当安条克的人民拒绝纳税时，他几乎也做出同样的事来。然而，对亚历山大里亚的基督徒私自摧毁古代世界一大奇迹塞拉皮斯宫，他却予以祝贺。坚定的政府是不够的。城市居民需要被追捧、被娇惯才会保持安静。罗马帝国仍然是一个"城市邦联"（Commonwealth of cities）；在这个"城市邦联"中，如今掌管着大规模会众并有修士们暴力支持的基督教主教们脱颖而出。皇帝提奥多西血洗了塞萨洛尼基，而他的雕像被安条克的公民推倒和抛砸。然而他却作为大公教君主的典范、提奥多西"大帝"（the Great）而载入史册。他与帝国各大城市的草根运动结盟。在米兰，他忠实地在圣安布罗修主教面前俯首；在罗马，他在圣彼得的陵前敬拜，并为一座献给圣保罗的新建巨大教堂捐献了大量资金（即墙外圣保罗大教堂〔S. Paolo fuori le Mura〕）。在亚历山大里亚，他赦免了狄奥斐罗斯的暴行。像公牛广场公爵（Duke of Plaza-Toro）一样，提奥多西大帝从后边领导他的大军[①]：他和他的宫廷带着异常的敏锐，跟从在这场巨大转变之后——它把基督教主教和圣人放在了帝国神经中枢的公众舆论前沿。

当然，修士从来都仅仅是帝国人口的一小部分。然而矛盾的是，正是这些怪人将基督教变成了大众宗教。他们这样做，很大程度上是因为他们能够将如今已成为基督徒的普通罗马人的虔信汇集在他们自己身上。这种虔信与前几个世纪向内观照的挚诚

[①] 公牛广场公爵是歌剧《贡多拉船夫》中的角色。他是个怯懦的统帅：战斗时总是站在军团后边，逃跑时却冲在最先。

（devotion）截然不同。在3世纪，基督教会是一个小型"启悟者"（initiates）群体。那些经历过洗礼"奥迹"的人已经在"得救"之列。到4世纪晚期，人们则更不确定，在此世经历过草率敷衍的洗礼的大众是否会在来世得救。因此，人们的焦虑转移到了一个更遥远的事件上：最后审判（Last Judgment）时的激烈清算。早期的来世图景展现着一群安静的启悟者在另一个世界享受他们受庇护的田园——在清冷的星光下或凉亭的荫蔽下休息；这些图景让位给了把基督想象为皇帝和法官的可怕想法，整个罗马世界的人民总有一天会站在他的宝座前。

就像带电云层中的闪电一样，苦修主义运动是在越来越被这种新生的根本焦虑所占据心神的人群之中爆发的：并非巧合的是，最初的修士们出身于罗马世界中那些基督教已经广泛传播了很长时间的区域。在长期焦虑和自我否定贯穿了人的生命时，修士却能够在此世担负起对最后审判的恐惧并预先打破这种恐惧，因而受到仰慕。他这一极端的表率激励了基督教平信徒尽可能地准备好自己和上帝之间的最终大事（cause célèbre）。至少在理论上，5世纪以后基督教化的罗马帝国弥漫着法院前厅般紧张而目标明确的气氛。

因此有了进一步的悖论：那些受苦修运动"彼世"的思虑影响最大的主教们，却正是在罗马社会中最努力建立基督教会的人。4世纪末、5世纪初令人惊叹的一代教会统领——在米兰的安布罗修（374—397年任职）、在凯撒里亚的巴西略（370—379年任职）、在安条克和君士坦丁堡的金口若望（398—407年任职）、

图76（上图） 末日时的基督已不再是优雅的没有胡须的教师，而是可畏的世界统治者。4世纪中叶罗马康摩蒂拉地下墓穴（Catacomb of Commodilla）壁画

图77（左下图） 最后审判。基督坐在法官宝座上（对照图32），周围是他的使徒幕僚们。这些使徒们以庇护人（patroni）的身份，为立于庭下的客属说话。在这个典型的晚期罗马法庭上，基督和他的使徒们被描绘成与欢呼的群众以格子栏杆分开来，与君士坦丁凯旋门上（图27）的图景完全一致。4世纪罗马陶版

在希波（Hippo）的奥古斯丁（391—430年任职）——坚信，他们不得不在最后审判时站在基督面前，为他们城市居民的罪愆负责。在成为主教时，他们承担了晚期罗马版本的"白人的负担"（White Man's Burden）；他们开始在一片"落后"领土上用殖民总督阴沉的精力统治他们的信众。他们坚持，基督教皇帝应该帮助他们：从提奥多西一世统治时期开始，异教徒和异端分子被越来越多地剥夺公民权，并被迫服从大公教会。彼世的使命感影响了罗马政权。基督教皇帝同样必须为他臣民的灵魂向基督负责。在西方，这种想法使得较弱势的统治者们更容易接受大公教神职人员的要求；然而，在根基更稳的东方帝国，它为皇帝专制日益膨胀的音区增加了又一个低沉的音符。

财富可以用来支付在末日（Last Day）无罪开释的价码。炫耀性消费（conspicuous consumption）是古代生活不可分割的一部分：财富的存在是为了用在公共场合。在2世纪，过剩收入倾向于涌向公共建筑；在4世纪，则流向了赞颂皇帝和权贵的雕像和建筑；从5世纪开始，这股富饶的财富"为了赎罪"而涌入基督教堂。基督教会经济地位的上升既突然又急剧：它蓬勃发展，像现代保险公司一样。到了6世纪，拉文纳主教的收入是1.2万枚金币；一个小镇的主教领的薪水，和元老级行省长官一样多。

基督教会在5、6世纪惊人的艺术成就，源于这场财富的重新分配。覆盖着马赛克画、挂着丝绸刺绣挂毯、由巨大的银烛台上的成千上万盏油灯照亮的宏大教堂，在其闪着微光的深处重现了安敦尼时代欣欣向荣的建筑外观上曾经表现出的庄严奢华之感。

像一个处于高压下的结构一样，最能让我们清楚地看到400年前后罗马帝国的压力和紧张的，正是苦修运动对各个行省不同的冲击。

首先，苦修运动是在最近才加入希腊-罗马世界文明的地区开始并达到顶峰的。在希腊式城市生活第一次到达上埃及后仅一个世纪，帕霍缪的修道院就来到了这里。在埃及和叙利亚，修道制度是古典世界的边陲通入罗马帝国文化和政治的桥头堡（见本书第108页及以下）。曾被传统异教徒认作文明的狭小核心区如今被大众心目中"最基督教的乡村"包围了：在400年前后，一位来自西班牙的基督徒女士，可以向东旅行造访圣地直到埃德萨，而她的祖先到雅典和士麦那为止就会很开心了。

除此之外，修道运动对帝国东西两半的影响非常不同。而修道制度的不同命运，则进一步突显了4世纪末、5世纪初两个社会类型的分道扬镳。在西部，新的苦修虔诚倾向于使一个已经分裂的社会"碎片化"。这个社会被一群表达能力极强但很狭隘的贵族阶层占据着。例如，圣马丁（约335—397年），一位确实有叙利亚式怪癖的退役士兵，被高卢-罗马贵族——他的传记作者是苏勒皮奇乌斯·塞维鲁（Sulpicius Severus，生于约363年，卒于约420—425年）和诺拉的保利努斯（Paulinus of Nola，353—432年）——当作了英雄。后来，对圣马丁及类似圣人的崇拜，为大地主-主教对高卢诸城镇社会的统治赋予了一种超自然的

图 78（左图） 新的圣殿。出自拉文纳圣亚珀理纳利新堂的 6 世纪马赛克画

图 79（右图） 建造教堂。拉文纳主教爱科莱修（Ecclesius）将圣维塔利教堂献给基督。出自拉文纳圣维塔利教堂的 6 世纪马赛克画

认证。

在像安布罗修和奥古斯丁这样的主教加持下，修道院成了使大公教会自我意识更为敏锐的一种手段。修道机构为主教提供了第一批真正专业的神职人员。在此之前，一般的拉丁神职人员是不太重要、容易受到来自环境的压力的地方人物——如市政议员的地方家族成员，或者贸易群体的代表。相比之下，在主教的修道院中长大的人，则由于守贞和清贫的誓言以及与众不同的穿着，与其他人区隔开来；而且，由于通常只接受圣经教育，他们不再参与古典教育。他们已经成为一群职业化的精英，自己会团结互

助，有自己的术语行话，并对"俗世"抱有强烈的优越感。此外，许多修道式虔诚的代言人——像苏勒皮奇乌斯·塞维鲁和才华横溢的哲罗姆这样的人——有着轻视普通人的倾向。在对"俗世"的谴责中，他们揭露了神职人员和大城市生活的腐朽堕落，表露了拉丁贵族对小资产阶级（petite bourgeoisie）持久的蔑视，并显露出在大庄园中隐居的古老渴望。

相比之下，在东方，修道主义并不遗世独立。它直接流入大城市的生活。在东部各个行省，主教都与修士结盟，以加强自己在市镇中的地位。正如我们刚刚看到的，在3世纪晚期，基督教还是一个危险地局限于城镇的少数群体宗教，后来却发展成帝国东部的大众宗教，在这个过程中，正是修士们凭借着自己新的人望，扮演了助产士的角色。修士团体的增长支撑了基督教会狭窄的结构。修道院利用了城镇和村庄长期的就业不足来为基督教会服务：到418年，亚历山大里亚宗主教有超过600个热心的修道院仆从可以依靠。修士们在医院、食品供给中心和殡葬组织的劳动为一般市民带来了真实存在的教会之家。在上埃及，曾恐吓异教徒的修士们也组织了救护运输服务，在一场蛮族入侵中运送和护理伤者。

凭借修道主义，基督教的观点在东部行省代表的人群已经扩大了。它把讲科普特语和叙利亚语的人奉为信仰的英雄；而在翻译的帮助下，希腊城镇的主教们鼓励了非希腊人对他们的神学关切产生浓厚兴趣。城市仍然是戏剧化地调动公众舆论的舞台。没有哪里比君士坦丁堡这个东方帝国的新中心更为真实地体现了这一点的了。到了400年,没有一个西方城市能比得上作为共鸣板的君士坦丁堡。仇外心理和宗教不宽容(它们通常结合在一起)的暴力浪潮给了君士坦丁堡一种身份感,而这种身份感则是仍为一座半异教城市的罗马所缺乏的。例如,蛮族将军们从未在5世纪的东方帝国掌权;因为作为外族人和阿里乌斯派异端的他们,不得不在君士坦丁堡统一的基督教人口上如履薄冰:这里的人们表现出一种"考克尼式"的骄傲,对这些显赫的外来者们坚持着他们的正统观念。

罗马世界两部分之间的特质差异很快就受到了考验。在378年,几年前因遭到匈人猛攻而被迫穿越多瑙河的西哥特人,在决定性的哈德良堡(Adrianople)战役中摧毁了罗马的东部军队并杀死了瓦伦斯皇帝本人。406年,日耳曼诸部落跨过莱茵河,像爆炸后的弹片一样散落在高卢。410年,西哥特国王阿拉里克(Alaric)洗劫了罗马。流行意见认为,这些蛮族的入侵是不可避免的。然而,当时人并不喜欢现代历史学家的超然冷漠和后见之明。来自北方世界的挑战让古代晚期人大吃一惊。直到约公元400年,人们的注意力一直向内集中于地中海地区。文明人背弃了北方。举例说,基督教就是通过放松帝国的"内部野蛮人"(inner barbarian)和古典文明之间的界限,从而在罗马世界内部扩张的:基督教主教们做梦也没有想过要跨过罗马边境向"外部野蛮人"(outer barbarian)派遣传教士。基督教让人感觉——如果有什么感觉的话——更等同于一种城市的生活方式:它最大的中心都位于地中海沿岸,而其伦理也完全是非军事化的。在4世

图80（左图） 武士社会。阿拉曼尼人的领袖表现得就像是这位骑在马背上的4世纪日耳曼酋长一样："骑在他吐着白沫的骏马上，在同伴中出乎其类，挥动着尺寸可畏的长矛。"8世纪浮雕

图81（右页图） 节制。西班牙塔拉戈纳一具5世纪石棺上的祈祷人像

纪晚期基督教艺术中的优雅而自我节制的经典人物中，没有空间留给就存在于边界另一边的战士社会的凶暴。基督教是"和平的律法"。基督徒官员和基督教主教对蛮族感到同样震惊：一人写道，"上帝会在一个野蛮的世界里有什么位置？"；另一人则写道，"基督教的美德如何能在蛮族中存续？"。公元400年以后古代晚期世界的历史，在某种程度上是这样的历史：东方和西方这两个有分歧的社会——本书这一部分已经描述了它们的结构和态度的演进方式——将会如何适应新的外来者的出现。

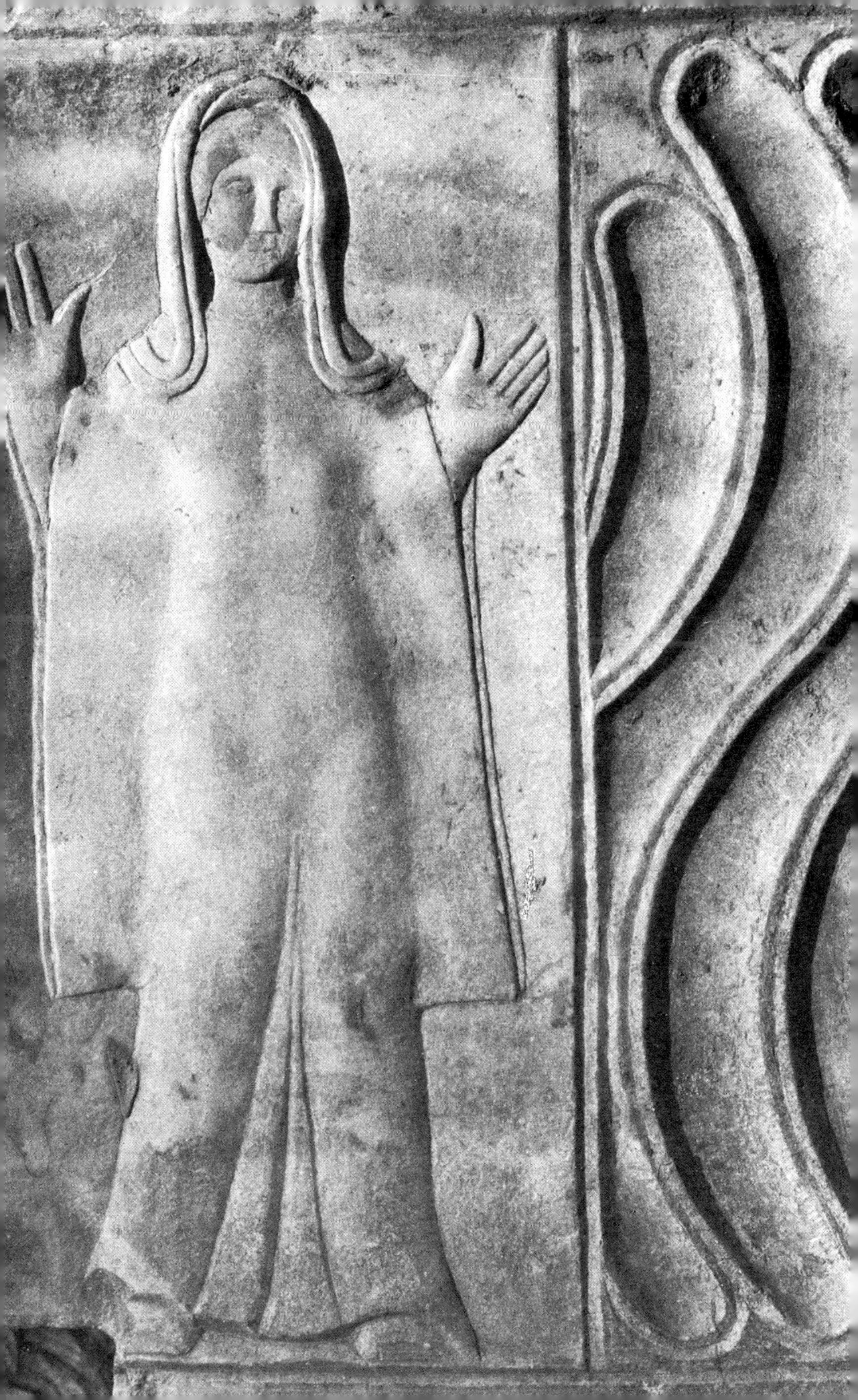

第二部分

彼此相异的遗产

图82　不变的异教。在乡村，异教长期延续，直到6世纪；对那些财富与享乐都出于土地的大地主们来说，异教就是生活的一部分。西西里的皮亚扎-阿尔梅里纳（Piazza Armerina）的狩猎马赛克画细部

第三章

西 部

1. 西部的复兴，350—450年

从马可·奥勒留时代到4世纪中叶，似乎古代文明的重心已经落在了地中海东岸。那场席卷了东方世界的智识和宗教风暴只有边远的涟漪触及了拉丁诸行省。我们在前面各章中描述的思想观念，都是首先以希腊语思考出来的。君士坦提乌斯二世皇帝于357年从君士坦丁堡来到罗马时，是以吞并一个落后地区的征服者的身份到来的。他带着属于君士坦丁堡"太阳王"（roi soleil）的新式奢华进入了这座城市；他把自己精微的信经强加给拉丁世界"头脑简单"的神职人员，坚决地带他们跟上时代。希腊世界一直认为自己是赐予者。安条克人阿米亚努斯·马尔凯利努斯在约385年来到罗马，向消息不灵通的拉丁听众讲述近来皇帝中最伟大、最希腊的皇帝——"叛教者"尤利安；在4世纪，看来塔西佗的衣钵只能落在阿米亚努斯这样的希腊人肩上。

对一个从东方来的旅行者来说，登陆意大利就是进入另一个世界，一个既宏伟又不接世事的世界。一人写道："在罗马，有一个属于富人的元老院……他们每个人都适合担任高级官职，但他们不愿意。他们置身事外，更喜欢悠闲地享受自己的财产。"闲暇治学（otium）① 以及度过这种闲暇的乡村庄园和豪宅，都是罗马和拉丁行省元老贵族的标志。在意大利，大地主长期以来倾向于过私人生活，表面上致力于学术隐居，但实际上致力于保护其地方性和朋友的晋升。在 4 世纪，有许多家族住在他们伊特鲁里亚和西西里的庄园中，对他们来说，3 世纪"危机"意义不大，君士坦丁的归信更是没有意义。这样的元老之一，叙马库斯（Symmachus，约 330—约 402 年）的书信集展现了一位竭力维持着罗马生活的漫长夏日午后的贵族。这些信件强调了元老院会议的规章、异教公共仪式的一丝不苟（punctilio）、在各省旅行中的缓慢的招摇、标志着叙马库斯之子在罗马仕途起点的裁判官主持的"夸富"式赛会。但大多数的信件都是推荐信；求官者、诉讼当事人、起诉人们把这些信函带上法庭，这些人都指望着像叙马库斯这样的旧世界意大利人拥有的八面玲珑的关系网。

这种生活方式是由高卢和西班牙的新一代贵族重新创造，并由出身于阿非利加和阿奎塔尼亚小城镇的热心暴发户（parvenus）供养的。在 4 世纪晚期的西方社会中，元老贵族已经居高临下，如同茅舍之上耸起一座摩天大楼。

在拉丁世界，大公教会也呈现出封闭的贵族制的鲜明轮廓。比

---

① Otium 的意思不仅是用以治学的闲暇，还包括游艺、休息、沉思等等。

图83 罗马的罗马人。兰帕迪（Lampadius）家族父子一并主持着他们出资的马车竞赛。一代又一代的元老们就是以这种方式，靡费甚巨地主宰着罗马。约425年的象牙对幅

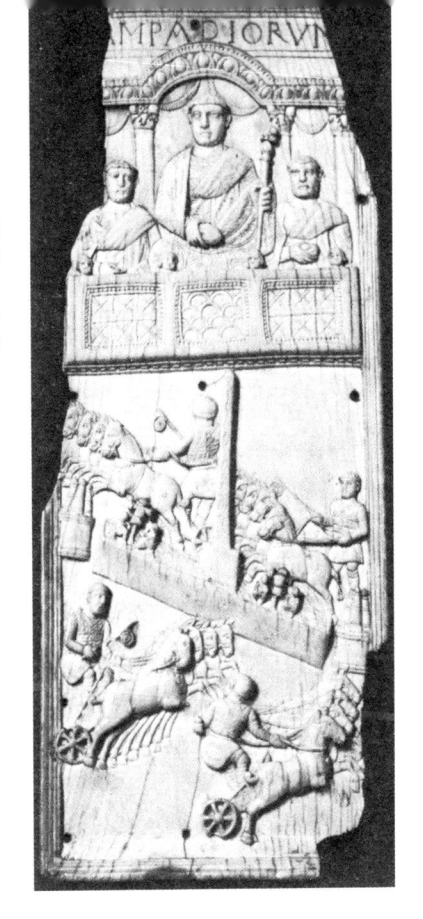

起东部，拉丁基督徒在更长的时间内都一直是被骚扰的少数群体。他们像许多少数群体一样，将自己视为高人一等的精英，以应对这种局面。因此，大公教会一直将自己当作一群与世界"分离开来"的人。修道运动不过是加强了拉丁基督徒的这种感觉；而随着4世纪后期元老院贵族成员归信基督教，这种组织起一个分离的、优于其他人类的群体的感觉达到了顶峰。拉丁教会的麻烦并不像希腊主教们那样来自形而上学的问题，而是来自一种从普通人中割裂出来，组成"获选之民"小集团的倾向：非洲的多那图斯教会、西班牙的普利西连派（Priscillianism）、罗马的伯拉纠（Pelagius）信徒

都是如此。

　　对一个积极致力于宣示自己身份对抗外部世界的团体的归属刺激了创造力。元老院贵族需要保持高标准的文化，这种文化应该将其与其他阶级区分开来；大公教会在与希腊思想和希腊苦修主义激动人心的运动相接触时，急于迎头赶上，因此一直需要好的文学作品。因此，4世纪的最后一个世代与5世纪头一个十年是拉丁文学的第三个伟大时代。在那段短暂的时期内，波尔多的奥索尼乌斯（Ausonius of Bordeaux，约310—约395年）的诗作展现了一种新的、浪漫的自然感，捕捉到了摩泽尔河畔的葡萄园在河流的深处摇曳。哲罗姆（约342—419年）讽刺性地刻画了基督教罗马社会的小片段——像奥伯利·比亚兹莱（Aubrey Beardsley）一样夸张的珠光宝气的主妇的写照、对神职人员的毒舌描述，其写作风格混合了以赛亚式的谴责和泰伦提乌斯（Terentius）式的低端喜剧，写作方式则足够独特，使异教和基督教都喜欢。后来，在伯利恒的静修中，哲罗姆向拉丁世界传授了从希腊人那里学到的知识，并大胆地从希伯来语直接翻译了圣经。

　　奥索尼乌斯和诺拉的保利努斯（Paulinus of Nola）发展出了一种新的诗歌和赞美诗写作风格。奥古斯丁在他自己的、自学的拉丁语风格中把握住了希腊哲学遥远的光：他于385年在米兰第一次读到普罗提诺，当时他还是一个接触帝国宫廷那国际化生活的外行人。397年，他的《忏悔录》这部独一无二的心灵史，展示出拉丁语言在一个人身上绽放出了怎样的光彩，他的情感能够以同等的掌控力将维吉尔、普罗提诺，与圣经《诗篇》(*Psalms*)的韵律结合起来。在所有元老都因其审慎的谦虚而只是为了娱乐朋友写作之时，苏勒皮奇乌斯·塞维鲁有意无意地写了一部《圣马丁传》(*Life of Saint Martin*)：这部书成了未来所有拉丁语圣徒传记文学的典范。因此，在 4 世纪末，亚历山大里亚的希腊人克劳狄阿努斯（Claudian）受到吸引，来意大利碰运气时，在罗马和米兰找到了可以学习完美的拉丁语的圈子，以及把对自己和对罗马城的独特拉丁语热忱倾注在这个年轻的希腊人身上的庇护人。与此同时，奥古斯丁正在写一本名为《论三位一体》(*On the Trinity*)的巨著，它证明了拉丁文有可能实现任何同时期希腊文都无法比拟的哲学创新。拉丁西方已经自成一体。

两代人之后，西罗马帝国已不复存在：造就了 4 世纪晚期文艺复兴的贵族们的孙辈臣服于蛮族诸王；按一位来自东部的观察者的说法，西部"处于混乱之中"。西罗马诸皇帝在 400 年以后未能抵御蛮族攻击的压力，在遭到进攻后也未能夺回失去的领土：他们的失败很大程度上可以用西罗马社会的经济和社会的根本弱点来解释（见本书第 42—44 页）。然而对同时代人来说，西罗马皇帝在 5 世纪的失败是罗马政权曾面对过的最不可预知的危机。因为皇帝不是经济史学家，而是军人。对他们来说，北部高卢和多瑙河沿线这些拉丁世界的北部行省有着无与伦比的人力储备，这一点是不言自明的。在整个 4 世纪，拉丁军人们主宰了从特里尔到托米斯（Tomis）[①]的蛮族世界。皇帝们就出身于操拉丁语的

[①] 原文写作 Tomi，但该城旧名为希腊文 Τόμις，后更名为 Κωνστάντια，今罗马尼亚康斯坦察（Constanța）。

军人之中，对他们而言，东方有着膨胀的城市和不谙兵戈的农民，似乎是帝国较弱的部分。

西部的帝国政府崩溃的原因并不简单。士气的问题起了作用，经济和社会因素也有影响。或许，帝国政府在380年至410年间失败的最根本原因是，拉丁世界的两大主要群体，元老院贵族和大公教会，与保卫他们的罗马军队的命运划清了界限。这两群人都无意中削弱了军队和帝国行政的力量；在搞残他们的保护者后，他们有些惊讶地发现自己没有保护者也可以生存。这是刚刚描述过的这场复兴的意外遗产。因此，西部帝国的消失是元老院和大公教会得以生存的代价。

直到375年，罗马军队以及与特里尔、米兰和西尔米雍（Sirmium）的大型军事驻地相联系的宫廷生活，像铁钳一样将西部碎片化的社会捏合在一起。在那个时候，像阿米亚努斯·马尔凯利努斯这样的军人仍然可以通行于连接特里尔和幼发拉底河的军用大道，说着军营中的简单拉丁语，不置一词地跨越在地中海平民想象中变得越来越庞大的所有障碍：罗马和日耳曼出身的军官，讲拉丁语的人和讲希腊语的人，异教徒和基督徒，军人阿米亚努斯全都遇见过，全都接纳了。从364年到375年，性格严峻的潘诺尼亚（Pannonia）人瓦伦提尼安一世（Valentinian I）从北部边境牢牢统治着西部。他职业化的行政人员受到元老院的憎恨和恐惧，而尽管是基督徒，但他却有意阻扼了大公教主教日益增长的不宽容。他是西方的最后一位伟大统治者。他死后的各种事件削弱了帝国官僚机构的专业团队精神（esprit de corps）。元老贵

图 84　瓦伦提尼安一世。这尊位于巴莱塔的 4 世纪铜像（许多部分是修复的）可能属于最后一位系统性巡逻并且加固西部边境的皇帝。他因为自己的作风严峻以及提拔军人出身者而使文官感到畏惧

注：即所谓"巴莱塔巨像"（Colossus of Barletta）。但自从 14 世纪以来，学者们认定的这尊雕像刻画的罗马皇帝，几乎包括了瓦伦提尼安一世到希拉克略的每一位。

族以非凡的速度和执着占据了政府。皇帝提奥多西一世（379—395 年在位）是一个更弱势的人物，也是像元老们一样的大地主，他向贵族和大公教主教们敞开了宫廷：在他那无足轻重的儿子霍诺留（Honorius，395—423 年在位）和后来的瓦伦提尼安三世（Valentinian III，425—455 年在位）的统治下，最高的官职实质上变成了给意大利和高卢贵族的封赏。不应指责 5 世纪的元老们没有参与帝国的政治生活，事实远非如此：他们只是把政府机器并入了自己的生活方式，以审慎的踌躇看待政治，将行政事务看作照顾朋友的机会。业余主义、既得利益的胜利，以及狭隘的视野——这些都是 5 世纪早期西部帝国的贵族政府的丑陋标志。

但这至少是他们自己的罗马帝国。没有一群罗马人曾像4世纪晚期和5世纪早期的元老诗人和演说家那样热情地将罗马理想化。"永恒的罗马"（Roma aeterna），被当作文明的自然高峰、注定会永远延续下去的罗马，这个萦绕在中世纪和文艺复兴时期人们心头的罗马的神话，不是由古典罗马帝国的人们创造的：它是4世纪晚期拉丁世界狂热爱国主义的直接遗产。

然而，这场爱国主义浪潮分裂而非团结了人们的忠诚，这是西罗马社会典型的情况。坚定的异教徒们是4世纪晚期调门最高的爱国者。举例来说，叙马库斯就将罗马当作圣城来珍视。在这里，曾经保佑帝国成功的异教仪式一直延续到382年（那一年格拉提安皇帝［Gratian］"废除"了维斯塔贞女制度，并去除了元老院中的异教祭坛）。后来，叙马库斯经常呼吁基督教皇帝继续承认默许的协约（Concordat），容许罗马成为特别的异教绿洲，即把罗马变成一座异教的梵蒂冈。大公教主教们强烈反对这些主张：从安布罗修在384年回应叙马库斯诉求的信件，到奥古斯丁从413年开始撰写的巨著《上帝之城》，"罗马的神话"都在基督教圈子中受着审判。在这场审判中，罗马只被有条件释放。大多数基督教平信徒都开心于逆用叙马库斯。他们回应道：罗马当然是一座圣城，罗马帝国也享有特殊的保佑；但这是因为，使徒彼得和保罗的遗体安葬在梵蒂冈山上。4世纪晚期列位教宗的意识形态，以及西方欧洲对圣彼得的崇拜，在很大程度上都归功于和倡导罗马神话的异教徒们之间有意识的竞争。悖谬的是，叙马库斯在无意间成了中世纪教皇制度的奠基人。

图85 记忆中的异教。古典文学仍是无论基督徒还是异教徒的所有上层罗马人教育的一部分；但在基督教皇帝禁绝异教祭祀后一个世代，维吉尔的异教插图师却恰恰倾情讲述了虔诚的埃涅阿斯进行着正确的异教祭祀的场景。梵蒂冈维吉尔写本（Vat. Lat. 3225）中狄多献祭的小画，4世纪晚期

但是，即使是最热情的基督教爱国者也不得不承认，崇拜圣彼得的罗马，某种程度上是在试图驱走一个幽灵。在最后关头，罗马的最后一批异教徒使基督徒忆起了帝国那决不改悔的异教过往。他们将"永恒的罗马"的神话与邪恶的联想联系在一起。在整个中世纪，就在圣彼得的圣城表面之下，罗马曾经是"魔鬼之城"的想法一直潜伏在基督徒的想象中，是不可磨灭的污点。在君士坦丁堡，人们都毫无怀疑地接受罗马帝国是一个基督教帝国。相比之下，中世纪西方的主教们所能做的，只是召唤出一个"神圣"罗马帝国的苍白的教士的影子。

罗马帝国西部各行省的社会支离破碎。4世纪晚期，界限变得更加坚固，而身份意识的增强导致了对外人更加苛刻的不宽容。那

些参与了拉丁文学高标准的惊人复兴的元老们很不愿意宽容"蛮族人"。那些可以夸耀自己与安布罗修、哲罗姆和奥古斯丁是同僚的主教们，也没有心情去宽容大公教会之外的人。结果，蛮族诸部落进入的这个社会，既不够强大，无法将他们拒之门外；但也不够灵活，无法吸收他们进入罗马生活以"俘虏他们的征服者"。

这就是 5 世纪早期所谓"蛮族入侵"的意义。这些入侵不是永久性、破坏性的袭击；更不是有组织的征服战争。相反，这些入侵是一场从北方不发达国家向地中海富饶土地移民的"淘金热"。

蛮族们很脆弱。他们可能凭借人数和军事能力赢得战斗，但他们无法赢得和平。西哥特人于 376 年越过多瑙河边境，并于 402 年在阿拉里克国王率领下，将注意力转向意大利。汪达尔人（Vandals）在 406—409 年进入高卢和西班牙。勃艮第人在 430 年后定居在罗讷河中游的河谷。这些成功令人印象深刻，且完全出乎意料。然而，各个征服者部落彼此对立，部族内部也在分裂。每个部族中都产生了一群武士贵族，他们的品味和野心与部族中的普通人相去甚远。这些武士贵族很乐意抛弃他们"不发达"的部族同胞，融入罗马社会的威望和奢华。东哥特王提奥多里克（Theodoric，493—526 年在位）后来常说："一个有能力的哥特人想要变得像罗马人；只有穷困的罗马人才会想成为哥特人。"

在君士坦丁堡宫廷控制的巴尔干各地，罗马军事专家们在 4 世纪学到的教训得到了成功利用。武力、适应力和真金白银的明智之举加在一起，抵消了西哥特移民的影响。东部帝国通过将最高军事统帅机构的职位授予西哥特军事贵族们，或安排他们执行

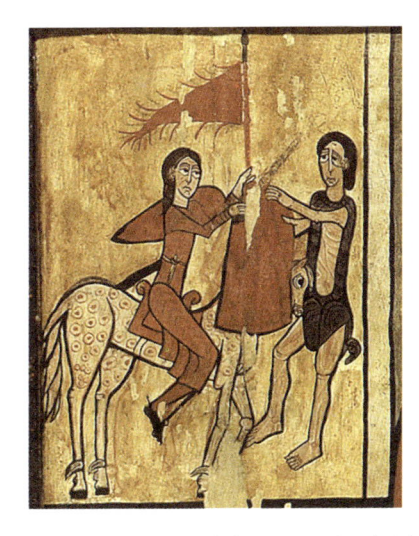

图 86（左图） 士兵圣徒。在中世纪，圣马丁被丝毫不加掩饰地描绘为骑士。但晚期罗马为他立传的作者，一位典型的文官，则试图掩饰马丁曾做过士兵的事实。蒙哥洛尼（Montgrony）祭坛正面细部，12 世纪

图 87（右图） "融入了"的蛮族人。一位汪达尔酋长斯提里柯（Stilicho），在 395 年至 408 年期间是西部皇帝霍诺留的总司令官并自立为摄政。他对西哥特人阿拉里克的政策在当时舆论中引起了尖锐对立：他是在用金钱与盟约来保护帝国，还是在"滋养壮大蛮族"呢？象牙对幅中的一翼，约 400 年

注：斯提里柯的正式官名为 comes et magister utriusque militiae，即"（马步）两军总司令官"，是"军务长官"（comes rei militaris）、"将军"（magister militum）两职的结合。

服务于东罗马外交目的的任务，从而"整合"了这些人。然而，当阿拉里克从巴尔干半岛转向西方时，他面对的是一个既无力量亦无技巧的社会。元老们既没有缴纳税款，也没有为罗马军队征募新兵；在 408 年，一条基本是为阿拉里克提供补贴款的外交策略倒是可能弥补他们军事上的无能，但是，当被要求为之买单时，元老院否决了这一提案，斥之为对可鄙的蛮族的"绥靖"："这不是补贴，而是奴隶契约。"话说得高贵，但是两年后，为了从西哥特王手中赎回他们自己的城市，这些爱国者们将不得不支付先前被索要的钱数的 3 倍。强硬的沙文主义和拒绝与蛮族谈判，导致了 410 年阿拉里克对罗马的洗劫。对于罗马与蛮族关系史上即将

到来的一个世纪来说，这并不是吉利的开端。

关于罗马元老们就言尽于此。至于大公教会，主教们就是一般地中海市民的成见的代言人。市民们害怕蛮族，但他们也了解且反感军人。他们的基督教与其说是和平主义，不如说是坚定的非军事主义。苏勒皮奇乌斯·塞维鲁竭尽全力掩饰他笔下传记的传主——图尔的圣马丁曾经是罗马军官这一事实：只有在更为军事化的中世纪社会中，艺术家们才乐意把他描绘成骑士。在4世纪的拉丁教会中，没有军人圣徒的立足之地，我们可以推测，时人对罗马军队没有什么热情。

至于蛮族，他们是罗马军人的继承者：蛮族被丑化为战争之人，他们在热爱和平的"主的羊群"之中，被打上了"灵魂凶残"的烙印。他们还是异端，因为多瑙河部落接受了在该地区颇具影响力的阿里乌斯派基督教。

西罗马的蛮族定居者意识到，自己既强大又不可被吸纳。他们被无声的仇恨之墙包围着。即使他们曾想"去部族化"（detribalized）也无法成功，因为作为"野蛮人"和异端信徒，他们是被打上标记的人。因此，蛮族移民们面对的不宽容，直接导致了蛮族王国的形成。被98%的同胞默默地讨厌着这件事非同寻常地刺激了他们保持自己的统治阶级身份。从428年到533年在非洲的汪达尔人，从496年到554年在意大利的东哥特人，从418年起在图卢兹（Toulouse）、之后又在西班牙直到589年归信大公教的西哥特人，这些异端王国之所以能有效统治，正是因为他们遭到憎恨。他们必须保持一个紧密团结的武士"种姓"（caste），与臣民保持一定的距离。毫不奇怪，两个半世纪的西哥特统治给西班牙的语言留下的唯一直接遗产，是"刽子手"（sayón）一词。

法兰克人是例外，但反而证明了这条规则。他们是后来者：法兰克人的战团直到5世纪晚期才崛起，远在其他日耳曼部族建立之后。他们并非以征服者身份前来，而是作为雇佣兵以较少的人数渗透进来。最重要的是，他们避开了地中海周围能说会道的人群。法兰克国家的重心一直是高卢北部。南方的主教和元老们觉得比较容易接受这样相对无关紧要的异邦人。结果，法兰克人可以自由地成为大公教徒。在6世纪的墨洛温宫廷，罗马人和法兰克人不加区别地互相通婚、互相残杀；高卢-罗马主教们也很清楚，在他们南面持续存在着强大的阿里乌斯派国家（西班牙的西哥特人占据了纳博讷 [Narbonne]，意大利的东哥特人扩张到了普罗旺斯 [Provence]），因此主教们将令人生厌的法兰克军阀克洛维（481—511年在位）誉为"新君士坦丁"。事实上，身处远方的法兰克人的成功表明，地中海的罗马人对自家门口的蛮族国家有多么不宽容。

5、6世纪的西欧史书作者们，通常认为这些事不可避免。但这并不是大帝国能对待蛮族征服者的唯一方式。例如，相比于被日耳曼各部族占据的罗马帝国西部诸行省，中国北方被蒙古的游牧民族占领得更为彻底。然而，在中国，游牧民族在几代人的时间里就"入乡随俗"了，并且毫无间断地延续着中国王朝嬗代的帝国传统。西欧的西哥特王国、东哥特王国和汪达尔王国从未以这种方式得到吸收：这些王国作为异物存活下来，不稳定地栖息在无视它们的人群之上，并开始从事更适意的事业：照顾它们自己。

2. 幸存的代价：西部社会，450—600 年

蛮族的入侵并没有摧毁西部罗马社会，却急剧地改变了西部各省生活的规模。如今迁到了拉文纳（Ravenna）的帝国政府失去了大片土地、大笔税收，以至于帝国政府一直资不抵债，直到476年灭亡。元老们失去了分散各处的庄园收入。他们得以在自己力量最强的地区通过高地租和欺诈来弥补很大一部分损失。权力严重依赖农民的意大利和高卢大地主，是前一个世纪富裕的不在地地主（absentee-landlords）中受威胁的余党。交流也受到损害。在4世纪末，来自西班牙北部的元老阶层女性们在帝国东部各地自由旅行；而到了5世纪，一位在阿斯图里亚（Asturia，在今西班牙西北）写作的主教几乎不知道自己行省以外发生了什么事。在西欧，5世纪是一个视野缩小、地方根基加强、旧有忠诚巩固的时代。

罗马陷落后，大公教会就立即开始维持自身的统一：411年以后，裂教运动在阿非利加遭到强行镇压；417年，伯拉纠异端被逐出罗马。在承平时代一度激烈的宗教冲突，却让现在的人们觉得再也无法承受了。因此，最后一批异教徒团结到了教会身边。这些异教徒的文化和爱国主义，如今在帮助大公教强化自己的界限：例如，431年安置在圣母大殿（S. Maria Maggiore）的马赛克画中，基督进堂（Christ's Presentation at the Temple）场景背景中的圣殿，就是古老的城市神庙（Templum Urbis）。利奥一世（440—461年在位）是第一位来自罗马老式乡村的教皇，他称赞罗马是圣彼得的圣座，他的语言正是叙马库斯对卡皮托利诸神一

图 88 永恒的罗马。赛车竞技仍然没变（对照图 83），但罗马女神（Roma）已成为一个威严的寓意形象，她将手放在执政官肩上。6 世纪执政官巴西利乌斯（Basilius）象牙对幅一翼

注：这幅对幅的前翼今藏米兰斯福尔扎城堡（Castello Sforzesco），下部残；本图版是对幅的后翼，今藏佛罗伦萨巴杰罗美术馆（Museo Nazionale del Bargello）。上题铭文 Anic(ius) Faust(us) Albin(us) Basilius V(ir) C(larissimus) et Inl(ustris) ex com(ite) dom(esticorum) pat(ricius) cons(ul) ord(inarius)（安奇乌斯·法乌斯图斯·阿尔比努斯·巴西利乌斯，盛名者、光辉者，前内廷卫官，勋贵，常规执政官）。

图89 新的蛮族统治者。虽然出自蛮族工匠之手,但这块铜版以完全是晚期罗马凯旋仪式的方式表现着阿吉鲁夫(Agilulf)王:带翼的胜利女神擎着旗帜(对照图111中的大天使),其他蛮族前来朝贡(对照图100、图101),王以城市居民拯救者的身份受人致意(以两侧细塔表明,对照图15)。出自7世纪初阿吉鲁夫王头盔,可能制于都灵

丝不苟的虔诚的回响。在一个越来越强地意识到非罗马人的存在的世界里,大公教已经成为唯一的"罗马"宗教。

伴随着这种新的宗教团结,地方上的纽带也更强了。这在高卢表现得最为明显。高卢的行省贵族一直以来都既忠于乡土,又在宫廷中通过陈情而官运亨通。4世纪始于特里尔的传统,在5世纪更为异域的蛮族宫廷中得以满腔热情地延续了下去。西多尼乌斯·阿波利纳里斯(Sidonius Apollinaris,约431—489年)在诸多技巧中,有一种文雅的技艺:他每次在图卢兹与西哥特王提奥多里克二世对弈时,都会通过巧妙地输掉双陆棋,让对方批准陈情。

新近建立的蛮族王国,为廷臣们的天赋提供了充分的发挥空间。尽管存在偏见,但地方上的元老们很快就意识到,在自家门口存在着拥有有效军事力量的强者,是有好处的。罗马人利用了

新的财富在蛮族显贵中的分化效应。他们倾向于鼓励国王们按照帝国的模式建立强大的王朝,以此支持国王们对付不守规矩的部下。卡西奥多鲁斯(Cassiodorus,约490—583年)是学者官员(scholar-bureaucrat)在蛮族宫廷中存续的典型例子。他臣属于被称为"哲学家国王"(因为他很难将这些人称为合法的罗马统治者)的提奥多里克及其家族;他甚至写了一部《哥特人史》(History of the Goths),将整个部族,特别是提奥多里克家族,表述成从亚历山大大帝时代开始就参与进地中海历史的合作者。

更坦白地说,罗马人认识到了,你熟知的恶魔总比你不认识的好对付。在阿奎塔尼亚,西哥特人的存在庇护了西多尼乌斯和他朋友们的别墅,使他们免受包括占据不列颠的撒克逊人(Saxons)在内的各个部族的侵扰。451年,正是当地元老们说服了西哥特人加入罗马军队，阻止了阿提拉的匈人引发的大崩溃。正是蛮族在高卢的驻扎，保证了今天加龙（Garonne）和奥弗涅（Auvergne）的村庄仍然以5世纪占据它们的家族命名，而与此同时的不列颠，没有一处罗马地产的名字在撒克逊入侵中幸存。

在新的蛮族宫廷中，罗马廷臣处理的是地方政治。那些由衷热爱自己行省内的小世界的人们，越来越忽视统一的西部帝国的理念。在西多尼乌斯·阿波利纳里斯的书信中，我们看到了在这位元老"悠闲"的面具下显露出的属于农家士绅的根深蒂固的激情。在叙马库斯的书信中，我们只看到一种生活方式；在西多尼乌斯的书信中，我们则穿行于一种不同的风景——他心爱的克莱蒙（Clermont）："山顶上覆盖着牧场，山坡上铺满了葡萄园，低地有别墅，石上有城堡，这边是森林，那边是空地，河水冲刷着岬角……"

西多尼乌斯于471年成为克莱蒙的主教。因为在5世纪末的条件下，要领导地方社区，就必须成为当地的主教：只有大公教群体的团结，才能把当地的贵族和依附他们的人联结在一起；而新建的巴西利卡教堂和殉教者圣地的声望，则维持了南部高卢小城的精神面貌。

矛盾的是，修道运动的传播，却缓解了从元老到主教的微妙转型。莱兰（Lérins）、马赛和其他地方的修道院社区里满是来自饱经战乱的莱茵河流域的上层阶级难民。这些社区为高卢南部的神职人员岗位提供了不少高阶层、有文化的人。圣人为普通罪人求情，这种动人的信念使西多尼乌斯在身为大公教信徒的同时，也能从容面对自己的失败;而修道的使命感远不会让西多尼乌斯完全否定这个世界,只是给他和他的圈子逐渐灌输一种清醒的意识:凡事万务都有定期定时①,而人到老年就必须承担起精神的责任。在年少时已经纵情欢乐并成家了之后,西多尼乌斯及其友人投入了大公教会简朴的老人政治之中。他们带上了坦率的记忆:美好的晚餐;为殉教者守夜的仪式(仪式的最后是在早晨的凉意中享用野宴);藏有古典文学的宽广私人图书馆,其中教父们的作品不显眼地藏在妇女分部中。

然而,作为主教,像西多尼乌斯这样的地主完成了一场无声的革命,那就是使高卢的农村讲起拉丁语、信上基督教。他们向农民传福音这一缓慢的工作,终于将口语的主流从凯尔特语推向了低端拉丁语(Low Latin)。就这样,西方各地都可以看到一场双层的运动。古典文化更加乏人问津,也更显深奥。高卢各城镇几乎无法提供足够的学校教育:奥索尼乌斯及其同事曾在繁荣的学术之城波尔多(Bordeaux)培养出数千名受过古典文化教育的年轻人,但此后的一个世纪,拉丁文学的研究已缩进了少数几个位于元老大型别墅中的私人图书馆。古典教育不再是小康人家的特质,而是成了寡头阶层少数人的象征。在5世纪晚期及6世纪,随着这群人数有限的文士贵族进入教会,古典修辞具有了前所未有的浮华。当主教们在庄严场合集会或互寄书信时,他们的"宏大风格"就浮现了:他们那"如玛瑙般光滑的"滔滔不绝的措辞,于同时代的外人和现代读者一样难以理解。维耶讷的阿维图

---

① 改编自圣经《传道书》第3章第1节。

斯（Avitus of Vienne，约490—518年）和帕维亚的恩诺蒂乌斯（Ennodius of Pavia，513—521年）等主教们的信件和妙语（jeux d'esprit），以及卡西奥多鲁斯起草的诏书中的修辞，都是这场运动的典型产物：西罗马的元老们虽然特权被剥夺、财富被没收、遭外人统治，但他们以洛可可般充满藻饰的拉丁修辞展示了自己的决心，他们既要生存下去，也要让自己的生存被人看到。

然而，作为主教，这些人不得不维持他们教育程度较低的会众的精神面貌。为此，他们会采取"凡俗"风格。例如，在高卢，6世纪是用简单拉丁文写成的圣徒传记的时代。我们一般会记得，图尔主教格里高利（Gregory of Tours，538—594年）是《法兰克人史》的作者，该书以生动描述法兰克人和罗马人在墨洛温宫廷中令人不快的权术手腕而为人所知。但我们会在格里高利给高卢列位守护圣人作的传记中进一步接近他。在这里，我们看到了一些他心中珍视的人物：一群令人敬畏的神圣贵人，他们像格里高利一样决不妥协地执行天罚，但也像他一样时刻关注着城镇和乡村普通人的生活细节。

在所有行省的地方纽带都在加强的情况下，意大利变成了一种"地理表述"并将一直如此。北方和南方已经严重分裂。北方的主教和地主们早已习惯了军事化蛮族政府的存在。他们发现自己在拉文纳的奥多亚克（Odoacer，476—493年在位）和后来的提奥多里克的宫廷里都得心应手。但是翻过亚平宁山脉就进入了一个不同的世界：那里宫廷很远，而历史无处不在。在罗马，巨大的大公教巴西利卡圣殿和长久的记忆使现在相形见绌。此时紧密联系起来的元老们和神职人员的双重寡头政治维持了这座城市的"光荣孤立"(splendid isolation)。一个典型例子是，元老院恢复了自3世纪末就丧失了的铸币权。476年西方皇帝刚被废黜，钱币上皇帝的肖像就被一幅母狼哺育罗慕路斯和雷慕斯的画面以及题铭"不败的罗马"(Roma invicta)悄然取代了。这样，"永恒的罗马"的浪漫主义意识形态，填补了在意大利的合法罗马统治结束造成的主权真空。我们可以从他们的执政官象牙对幅(consular diptych)中看到5世纪晚期和6世纪早期"罗马的罗马人"：在罗马的巨大阴影之下显得很小的局促的人影。

在自己宏伟的家族图书馆中，元老波爱修(Boethius，约480—524年)能够汲取最初于4世纪的拉丁文艺复兴时期收获的思想财富。他的先祖们拥有的书籍，帮助他奠定了中世纪逻辑学的基石；在他的《哲学的慰藉》中，这位笃信基督教的6世纪罗马贵族在面对死亡之时，带着平静的心态，向基督教时代之前古人的智慧寻求慰藉，这种平静依然使我们困惑。提奥多里克在524年以涉嫌叛国罪为由处死了波爱修：他就这样狡猾地打击了一个不可和解的群体中最杰出也因此最孤立的成员。高傲而孤独的波爱修走向死亡的原因，是他过着太好的生活，他的生命保存了除了皇帝以外的罗马的一切。

公元533年以后，一位罗马皇帝回到了西地中海。533年，查士丁尼的军队一举征服了阿非利加；到了540年，他的将军贝利萨留(Belisarius)进入了拉文纳。阻碍查士丁尼征战的，有波斯人重新崛起的威胁(540年)、时不时袭来的恐怖瘟疫(自542

年起）以及548年斯拉夫人第一次入侵导致的多瑙河边境崩溃。尽管如此，东罗马在拉文纳、罗马、西西里和阿非利加的统治仍延续了几个世纪。

意料之外的帝国军队的介入被证明是对于意大利和阿非利加的罗马社会的分散集团的相对实力的一场严峻的考验。对元老贵族来说，查士丁尼的再次征服是一场灾难。一个拥有高效包税人的东方独裁者并不是他们能与之讨价还价的皇帝。对这个脆弱的寡头集团来说，查士丁尼在意大利的战争标志着一种生活方式的终结。意大利元老们的尖酸反诘得到了君士坦丁堡怯懦贵族们的欢迎：这些责难使凯撒里亚的普罗柯比（Procopius of Caesarea）对哥特战争的经典描述黯然失色，也在同一人的《秘史》（Secret History）中点燃了对查士丁尼的无能狂怒。

然而，我们不应该单单凭借这个极为善于表达的群体的命运来评判查士丁尼在西方的成功。大公教神职人员并未分享罗马元老院的怨愤。罗马教会摆脱了阿里乌斯派的支配，并吸收了阿里乌斯派各教会的大量财产。在格里高利一世（589—603年在位）统治下，教皇就是罗马。他自己家族里的司铎们和教宗们之前就表现出了罗马贵族中的教士气质，这种气质在这位复杂的人物那里达到了顶峰。格里高利在他的亲戚，亚加佩多（Agapetus，535—536年在位）教皇庞大的私人图书馆中，熟悉了像奥古斯丁著作这样只有贵族才有可能接触到的作品。普罗提诺传给奥古

图90（右页图）　教士王朝。6世纪西方社会的典型：主教优福拉修（Euphrasius）建造教堂，总执事克劳狄乌斯提供福音书，其子则秉烛。伊斯特里亚（Istria）大教堂马赛克画

CLAVDI·EVFRASI SCS M M
VS VS EPS VRVS
ARC

EVFRASIV
S FIL
ARC

...OCEVITINPRIMIS·TEMPLVM·

斯丁的柏拉图式神秘主义的火炬，在格里高利的布道中再次燃起。格里高利注意着他所在阶级过去的习惯，对罗马人民敞开大门：他会把教会精心看管的收入大笔花在给穷人提供粮食上，并给家道败落的元老们贴补家用。他的墓志铭称他为"上帝的执政官"（consul Dei）[①]。然而，格里高利不仅是贵族时代的罗马的幸存者。在他所生活的时代，罗马并入东罗马帝国已有一代人之久了。格里高利的朴素，他对大众虔诚的敏感（表现在他的《对话录》里的奇迹故事中），以及他对主教职务的严厉观念（表现在他的《教牧关怀》[Pastoral Care]中），使他成为拉丁版的可畏的圣人：这种圣人在君士坦丁堡、安条克、耶路撒冷和亚历山大里亚担任宗主教，为拜占庭皇帝把持着东方的大城市。

然而罗马眼中的东部的罗马皇帝的地位和目的，却是在一种典型的拉丁氛围中解读的。现在仅存的查士丁尼和提奥多拉（Theodora）的肖像，即拉文纳的圣维塔利（S. Vitale）马赛克上的宫廷场景，环绕着一座大公教堂的祭坛；因为对意大利的大公教主教们来说，帝国的存在正是为了他们的利益。这些主教是罗马元老院的直接继承人。罗马元老院的特权地位"自由"（libertas）在6世纪初已成为罗马贵族的理想之一：这个理想不知不觉间就被罗马的神职人员接管了，并在整个中世纪都有所体现。这就是查士丁尼再征服的最深远但也最悖谬的结果。

毕竟，查士丁尼进入西地中海，是怀着好大喜功的投机心态，想要夺回那些他认为是他的帝国沦丧的行省：他并不同情罗马元

---

① "可敬者"比德《英吉利教会史》第2卷第1章。

老院的"自由",并准备好了去恫吓威逼任何不与他的教廷计划合作的教皇。然而,拜占庭军队却在意大利驻留了数个世纪,以保护罗马教会的特权。在西罗马人的眼中,东罗马帝国的存在是为了给教宗体制提供军事保护。那些以外派总督(exarch,皇帝的代行官)身份来到拉文纳的小心翼翼的东罗马人,被当作了"至圣共同体"(Sanctissima Respublica)的维护者。因此,东部帝国被赋予了"神圣"罗马帝国的光环:查理曼的榜样不是奥古斯都,而是圣维塔利马赛克上虔诚的大公教徒查士丁尼。虽然无意,查士丁尼却直接提出了一个观念:一个"基督教共同体"即神圣的罗马帝国应该永远在西欧存在,以服务教宗利益、确保大公教会的"自由"。

一座城市,它的习惯和联系,都在缓慢地变化。在7世纪的罗马,这座城市的教士寡头成员列队进入教堂的方式,仍然和6世纪初的执政官们一样:他们在烛光的迎接下,穿着属于元老的丝履,向平民大撒钱物。有人认为,拉特朗大殿(Lateran Palace)之所以得名,是因为这里还讲着"好的拉丁语"[①]。教宗们在宏伟的巴西利卡圣殿中继续为"罗马的自由"(Romana libertas)祈祷。中世纪教宗体制的修辞与仪式背后的基本假设是,西方社会必须承认一群界限明确的教士精英的主导地位,就像皇帝们曾经承认罗马元老院成员的特殊地位一样:像是最后一抹温暖的暮色,晚期罗马元老对"永恒的罗马"的爱,依附在了教皇的罗马庄严的外墙之上。

[①] 实际上,拉特朗大殿得名于它所在的土地属于贵族 Plautii Laterani 家族。

图91 统治之城。提奥多西二世修建的君士坦丁堡城墙。到公元800年时,这些城墙已经抵御住了数次围城。

第四章

拜占庭

1. "统治之城": 从提奥多西二世到阿纳斯塔修斯的东部帝国, 408—518 年

410 年罗马陷落时, 君士坦丁堡举行了 3 天的公开哀悼。除此之外, 东部皇帝提奥多西二世 (Theodosius II) 没为援助西部首都再做什么事。但他的大臣们很快就用心在君士坦丁堡外修建了宏伟的城墙。至今仍耸立在现代伊斯坦布尔郊外的提奥多西城墙 (Theodosian Wall), 概括了君士坦丁堡在整个中世纪作为罗马帝国仍存续的首都这一坚不可摧的地位。直到 1453 年, 它才被敌人攻破。

在提奥多西二世治下, 君士坦丁堡成了"统治之城"。皇帝们在博斯普鲁斯海峡边的大皇宫 (Great Palace) 定居下来。宫廷仪式成了城市日常生活节奏的一部分。皇帝及其幕僚在宏伟的

"静默厅"(silention)①里讨论的重大政策问题,战争与和平、异端与正统、节俭与宽裕,都会蔓延到城里的市集上。当皇帝出现在跑马场(Hippodrome)包厢中时,两派针锋相对的赛马队支持者"绿党"和"蓝党"就会用有节奏的叫喊声来欢迎或批评皇帝的决策。自信又好争吵的君士坦丁堡居民们经常会被提醒:政治不是游戏。君士坦丁堡位于马尔马拉海峡(Straits of Marmara)的巴尔干一侧,距离冲突中心的多瑙河口只有270英里。几乎每一代市民都会在高大的城墙外看到蛮族战团焚烧村庄时升起的浓烟的残迹。在5、6世纪,君士坦丁堡将城邦的骄傲与前哨的高昂斗志,和一个庞大近东帝国的资源结合了起来。

然而这段时期刚开始的时候,君士坦丁堡仍然是一个与周边格格不入的北方首都。如前所述(见本书第123页),4世纪社会中,南北之分比东西之分更深:地中海的平民全都与北方大道上巡回游走的军事宫廷同样疏远。提奥多西二世本人出身于讲拉丁语的将军世家;438年,他开始了史称"提奥多西法典"的大型拉丁文帝国法律汇编。

宫廷只要保持着与军队的联系,就仍会讲拉丁语。即使在希腊人看来,拉丁文也一直是表达国家威严的语言:拉丁文是堂皇有力的行政术语,就像中世纪晚期英格兰的"法律法文"一样。东罗马人会在学校里学习这种拉丁文,尽管它与生活语言没有任何关系:我们有一些保存至今的纸草,上边是埃及学童所做的看得过去的维吉尔翻译,就像我们自己在现代学校里做的一样。君

---

① 根据《牛津拜占庭辞典》第3卷第1896页,这其实是一种会议的称呼。

士坦丁堡的建立将罗马国家的威严带入了希腊世界的中心：在 4、5 世纪，越来越多的希腊人学习拉丁语，并不是为了造访西方的旧罗马，而是为了巩固他们的"新罗马"君士坦丁堡的显赫。

像跑马场里的埃及方尖碑和公共场所的希腊古典雕塑一样，拉丁文作为一个世界帝国宏伟外墙的一部分，在君士坦丁堡自然而然地存续下来。然而，拉丁人本身却在 5 世纪期间慢慢消失了。从 3 世纪开始的罗马帝国军事专制化的整个趋势在君士坦丁堡被悄然逆转了。到 5 世纪末，罗马军队作为一支政治力量，已经被常住君士坦丁堡的高级政务官、宫廷官员和退休官僚集团所取代。这个时代最伟大的两位皇帝，阿纳斯塔修斯（491—518 年在位）和查士丁尼（527—565 年在位）都是新式的文官：阿纳斯塔修斯直到中老年都在担任宫廷官员；查士丁尼虽然是一位出身巴尔干的拉丁士兵的外甥，但他已经彻底"文官化"了。这两位杰出人物治下的政务和文化达到的高度，概括了文官统治阶级的逐渐成熟的成就。在 5 世纪时，罗马帝国找到了一种新的身份：君士坦丁堡的帝国。

希腊城镇的士绅们是这场无声革命的设计师。他们填补了大型财政部门和法务部门的次要职位。这样的人之一就是吕底亚人约翰（John of Lydia），他在阿纳斯塔修斯治下，为官第一年就赚了 1000 金币，他还加了一句："那钱是老实来的！"他学过拉丁文，给上司写过赞美诗。在退休后，他写了一本辑古录《罗马政制官制考》（*On the Magistrates of the Roman State*）。受过古典教育的绅士的顽固保守主义，曾在西部各省无意义地专注于"永恒的罗马"的幻象,却为东部帝国的高效框架带来了悠久传统和静穆高傲所必要的古色。在君士坦丁堡,学术和文采是国家权力的附属品,而非替代品。例如,人们在煽动反对一种不得人心的赋税时,果断地采取了"欧里庇得斯的方式",利用戏剧来炒作这一议题。柏拉图传统在西方只有彼世和神秘的方面保留下来,而即使是它,在君士坦丁堡也仍保留了对政治的关注。关于政策的争论非常激烈:399年,未来的主教,昔兰尼的叙内修(Synesius of Cyrene)在他的演说《王权论》(On Kingship)中概述了一种驱除蛮族人的政策;凯撒里亚的普罗柯比在550年前后的《秘史》中,给一个政治敏感的派别起草了查士丁尼治下著名的"黑名册"。这些作者继承了先师修昔底德撰写当代史的传统。他们不同的职业生涯为他们提供了充分的机会。帕尼雍的普利斯科斯(Priscus of Panium)留下了一份观察敏锐的描述,记载了自己出使匈人阿提拉宫廷的见闻;普罗柯比(卒于562年)身为查士丁尼麾下常胜将军贝利萨留(Belisarius)的秘书,深切感受了他那个时代的《战史》(History of the Wars)。

东罗马帝国的文官统治阶级在一所严酷的学校中学到了生存之术。势力从匈牙利平原延展到荷兰和高加索的阿提拉(434—453年在位)宏大游牧帝国的崛起,标志着罗马历史上的一个转折点。北方世界第一次出现了一个能与罗马人的帝国相提并论的蛮族帝国。4世纪的罗马帝国仍然认为自己囊括了整个已知的文明世界。萨珊帝国是它所知仅有的另一个有组织国家。罗马帝国像警察一样在文明最边缘的无足轻重的罪犯中巡逻。到了5世纪，这个"中央之国"神话动摇了。东罗马人开始认识到，在一个必须审慎考察、必须以精妙的外交手腕来操纵的世界里，他们的帝国不过是众多国家之一。5世纪中叶，（埃及）底比斯的奥林匹奥多罗斯（Olympiodorus of Thebes）是拜占庭外交官悠久传统中第一位丰富多彩的代表人物。他曾出使远达罗马、努比亚和第聂伯河，还有一只讲纯正阿提卡希腊语的鹦鹉相伴。

皇帝们坚持认为，外交既然和战争同样重要，就应该和战争花同样多的钱。就在西部统治者允许元老们烧掉欠税单的同时，君士坦丁堡的元老们却被逼着变卖自家妻子的珠宝，以支付最终将会搞垮阿提拉帝国的补贴。官僚体系往往由无情的外人领导，而这些人只依赖皇帝的宠幸。叙利亚人马利诺斯（Marinus the Syrian）是阿纳斯塔修斯治下的大区总长，在那些于西部崩溃之时拯救了东部帝国的财政专家中，他是典型："晚上，他的床边还挂着笔墨架，枕边仍点着一盏灯；他就可以把自己的想法写在卷子上；白天，他会将这些想法告诉皇帝，并建议他如何行动。"（密提林的撒迦利亚《教会史》[Zachariah of Mytilene, *History*]）

皇帝的内廷官员，尤其是内侍大宦官，出身都与传统的统治阶级相去甚远。因此，皇宫内廷并没有切断皇帝与臣民的联系，而是截然相反：拜占庭统治的秘密之一，就是这个至关重要却晦暗不明的边缘人物，他的感受往往与行省乡人更近，而与官僚体系中的优雅士人更远。

君士坦丁堡已成为野心勃勃的行省乡人的目标，他们的出身地远在传统官僚出身的帝国希腊核心地区之外。在5世纪末，一

图 92　皇家威严。阿里阿德涅皇后，阿纳斯塔修斯皇帝（491—518 年在位）之妻。约 500 年的象牙对幅

位来自美索不达米亚的叙利亚青年但以理，在前往耶路撒冷践行苦修途中被异象警告，转而前往君士坦丁堡：这座拥有伟大教堂和圣髑收藏的"统治之城"已经成了"圣城"。不那么宗教化的年轻人也会做出同样的决定：但以理在用叙利亚语和另一位曾担任皇帝的尚膳①的东方人闲谈时，几乎从不模仿柱头圣人西默盎的所作所为，安坐在他的柱头之上。5 世纪末君士坦丁堡的历史

① 指格拉尼俄斯（Gelanios），他曾做过负责皇帝饮食的内廷官（epi tēs trapezēs）。

就是由这样有天赋的移民塑造的。皇帝们离不开古典世界边缘地区的繁荣和人才带来的新风气。君士坦丁堡的帝国仅仅是希腊人的帝国是不够的：它还必须开始小心寻求真正意义上的东方帝国这一身份。5 世纪末和 6 世纪的教会史上蔚为壮观的文化和神学风暴是东方帝国的世界性社会找到平衡的努力的一部分。

"扩张后的帝国的一条座右铭是：明智而有益的忽视"（埃德蒙·伯克 [Edmund Burke]），这句话并不适用于 5 世纪帝国行省的人。比如说，埃及早已进入了文化生活的主流。埃及较富裕的农民和小镇上的要人是东罗马新社会典型的行省人。他们从无到有，创造出了一种独特而充满活力的次古典艺术：科普特艺

图 93 东罗马官僚。一位官僚在小亚细亚的故乡树立的一尊雕像（5 世纪）

术（Coptic art）。这几个世纪中，埃及基督徒最典型的创造是圣像：圣像是抽象而简化的图像，崇拜者可以注目于它，直视着他们精神上的圣父那令人心潮澎湃的双眼——圣米纳（Menas）、圣安东尼或埃及基督教的其他英雄，都被刻在圣像上。提奥斐罗斯（Theophilus）和西里尔这样的埃及的宗主教们则领导着希腊世界。431 年的以弗所大公会议宣布玛利亚是"诞神女"（theotokos），认可了科普特人的狂热：他们正是这样崇拜她，把她刻画为给新生的耶稣哺乳的形象的。这个中世纪艺术中最温柔的场景，其原型就是科普特人改编版的伊西斯（Isis）为婴儿荷鲁斯（Horus）哺乳。

讲叙利亚语的行省人的鼎盛时期稍晚一些。在阿纳斯塔修斯治下，叙利亚商人的贸易往来远至高卢和中亚。宫廷财政奇才马利诺斯也是叙利亚人。叙利亚石匠们在雕刻石质表面时，发展出了一种精巧的细丝雕刻工艺。最重要的是，是叙利亚人用音乐填满了希腊世界。作曲师罗马诺斯（Romanos the Melodist）从埃德萨来到君士坦丁堡，他将一种可以直接追溯到最古老的闪米特东方的意象与戏剧感注入了拜占庭教会的圣歌中。在圣索菲亚大教堂中，叙利亚僧侣乐队会奏起旋律悠长的连祷文，表达对被钉十字架的基督的特别敬爱，从而搅动礼拜日的集会。叙利亚农民们在东黎巴嫩山脉（Anti-Lebanon）的坡地上种下了橄榄树。皇帝在西默盎柱上打坐处建起了一个巨大的朝圣中心。西默盎寨（Qalʿat Simʿān）的大规模建筑群与巴勒贝克（Baalbek）的建筑同样充满创造力并且比后者还要宏伟，这是"统治之城"承认行省人的一种姿态，东罗马国家经济依赖于他们的勤劳。

与这些古老的基督教中心相比，刚刚从一段军事化、拉丁式的过去中脱胎换骨的君士坦丁堡是一个色彩苍白的后来者。但要成为"统治之城"，它也必须在教义上领导帝国。皇帝们迫不及待地将它推向前沿。在451年的迦克墩公会议（Council of Chalcedon）上，马尔西安皇帝利用了希腊舆论中的一种潮流和罗马主教利奥的支持，打压亚历山大里亚宗主教，从而确保了君士坦丁堡作为帝国基督教领袖城市的地位。在迦克墩达成的决议对当时希腊基督教思想中最深层的一些思潮造成了冲击。东方基督教的平衡被残酷打破了。在接下来的两个世纪里，皇帝们面对着再造平衡这一艰巨任务，有时采取缓和措施，有时则绕过"被诅咒的公会议"，但他们一刻也没有丢弃过"统治之城"在迦克墩赢得的主动权。

在迦克墩公会议上提出的问题不是小事，因为这次会议似乎将人从基督身上的神性中分裂出来了。皇帝在公会议中的角色有政治的部分；但人们对公会议教义的抵制则是发自内心的，而不是在"掩护"对社会的不满，更不是东部诸行省在努力争取"民族自治"。行省的几个世纪的基督教的经验，被后起的首都藐视了。对于虔诚的希腊人、科普特人和叙利亚人来说，基督是被救赎的人类的原型。这些人会问，在基督身上，神在多大程度上屈尊采纳并转变了人性，使人性脱离其软弱？如果人性被完全改变，在基督里与神性合而为一（神学上以"单性论"[Monophysite，其中monos意为"单一的"；physis意为"本性"]这一方便的标

图94（左上图） 信仰之父：亚伯拉罕阿爸（apa Abraham）的圣像。修道院领袖们是6至7世纪本地人强烈忠诚的焦点与神学争论的真正仲裁者，因为他们被视为平信徒的精神指导和信仰传统的守护者。6至7世纪埃及帕维特的木板绘

图95、图96 异教（左下图）：伊西斯为荷鲁斯哺乳。3世纪科普特饰带壁画
基督教（右下图）：玛利亚为耶稣哺乳。5至6世纪埃及法尤姆的墓碑

图 97　叙利亚的成就。围绕着柱头圣人西默盎的柱子建起了修道院的朝圣中心。其建筑延续了 2 世纪晚期浮夸的风格（对照图 3），但在这里皇帝并非在向自己的故乡表忠心，而是向地方圣人。西默盎寨南墙主门，约 480 年

签称之），那么普通人最终也有望以同样的方式得救：普通人也会被转变。普通人环顾四周，看到了圣人：如果脆弱的人性在此世能被赋予这样的超自然之力，那么基督内的神性岂不更为绝对且不可分割？除了一个完全神圣的存在，还有谁能站在人类和他们的大敌——魔鬼之间呢？像教宗利奥的教义论纲《大卷》(Tome)那样强调基督内卑下、属人的要素，震惊了希腊读者们。因为这种态度有可能使上帝的救赎工作半途而废：这将人性本身判定成无法转变的残存，是上帝之力的无边之海底部那苦涩的沉渣。

有人说，迦克墩公会议无可挽回地分裂了帝国；它使东部诸

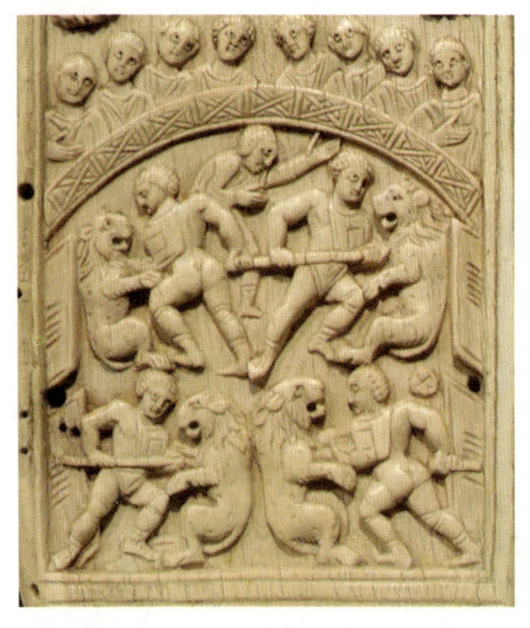

图 98、图 99

公共生活

世俗（左图）：在君士坦丁堡跑马场的一场野兽狩猎。506 年阿瑞俄宾多斯（Areobindus）象牙对幅

宗教（右图）：游行队伍中载着的圣物。宗主教在高车厢上举着圣物盒走过皇宫（注意在左上方大门上方的基督圣像）。他们前方从左至右分别是元老院、皇帝和皇后。顶部宫廷窗户中的观看者们熙熙攘攘，仿佛能闻到汗味。5 世纪象牙雕版

省于 7 世纪无可避免地丧于伊斯兰教之手。这种观点太过高高在上，完全忽略了 6 世纪东部帝国的生活特征。事实恰恰相反：尽管议题颇具爆炸性，尽管双方都动用了各省全部的教会传统，但帝国仍然保持了统一。通过考察为何会出现这样的情况，我们得以对东罗马的国家资源有更多了解。

首先，帝国政府建立起了一个统一的国家：人们缴纳税款并为皇帝的成功祈祷，无论他们秉持何种神学观点。亚历山大里亚

的商人有可能在君士坦丁堡的银行兑现支票:直到13世纪的中国,没有任何中世纪国家能提供这种服务。帝国文化几乎没有深层次的壁垒。人们可以自由地从各省迁往首都,又不与自己的乡土失去联系。像帕诺波利斯的居罗斯(Cyrus of Panopolis)这样的希腊诗人,内里是一个为他家乡殉道圣徒效力的埃及人[①];甚至号称"拜占庭的修昔底德"的普罗柯比也说叙利亚语,并相信叙利亚圣人的祈祷在守护帝国东部边境上起了作用。在这个时期,我们探讨的社会已经经历过了促进中央集权化、标准化和经济政治团结的强烈而深入的压力。困扰着5世纪末和6世纪皇帝们的对"教会和平"的关切,不应被视为一场试图治愈分裂的帝国的

---

① 这是指他给埃及的圣米纳作传。

绝望之举：与此相反，皇帝们希望能让站定派别的主教及其信徒们达到统一与服从的标准，就像宗教以外的其他领域已经实现的那样。

皇帝的威望甚至会因宗教不确定性而提高，因为所有实现统一的尝试都要通过宫廷。皇帝获得了一个特殊地位："教会和平"大穹顶的拱顶石，并将在整个拜占庭历史与俄国早期史中保持这一地位。这个职位完全是通过艰苦辛勤获得的。当谋逆者意欲刺杀查士丁尼皇帝时，他们知道如何找到皇帝的所在之处：每天晚上，他都会坐在皇宫的一处小阁子中，与圣人和主教们讨论他臣民信仰的错综复杂之处。

皇帝阿纳斯塔修斯的统治（491—518 年）总括了东罗马帝国这一时代的特质。阿纳斯塔修斯是一位虔诚的平信徒，并曾讲授神学。他是晚期罗马皇帝之中唯一废除过某种赋税的：他取消了对城市征收的黄金税①。他去世时留下了 3.2 万磅② 黄金的盈余，这要归功于他严格的专业主义。我们在埃德萨的地方编年史中得以瞥见他的形象：在这个遥远的边境小城中，皇帝很像是他的人民的"小父亲"。即使对他神学上的反对者来说，他也是"阿纳斯塔修斯，好皇帝、亲近僧侣者，穷人和受苦难者的保护

---

① 原文如此。该税种应为 chrysargyron，这是指对工商业者而非城市征收的一种贸易税，多数城市工商业者均需用金银缴纳，故在希腊世界以 chrysos（金）和 argyros（银）合称得名。包括利巴尼乌斯（Libanius）等人都指出过其带给平民的严重负担。

② 原文如此。但根据普罗柯比《秘史》第 19 章第 7 节记载，此处应为 32 万（罗马）磅。

人"。在宗教政策上，他无疑是东罗马社会的产物。尽管身为真诚的"单性论者"，但他首先努力维持宗教和平，并排斥各种极端分子。

517年，阿纳斯塔修斯接待了一个来自罗马的牧师使团，他们展示了基督教世界的东西两部分已经分离开了多远。西方的大公教会已经变成了一个封闭的精英团体：他们就像身处不发达地区的殖民势力，认为自己有义务将自己的观点强加给这个不知改悔的"俗世"；而如果需要的话，可以动用武力。在他们贵族背景的加持下，西方教会元老阶层出身的主教们凌驾于越来越被动和缺乏教养的平信徒之上。他们习惯了训示身为平信徒的统治者们该做什么。罗马的使节们告诉阿纳斯塔修斯，他应该把大公教信仰加诸他统治下的行省人，要拿出后来十字军一般的坚定。对这位东罗马皇帝来说，这样的建议却来自更加野蛮的另一个世界。阿纳斯塔修斯回信道：他不会为了将一派的观点强加给其他宗派，就让自己城市的街道血流成河。他的本分不是宣布半个帝国为非法，而是要找到一个能让他的臣民丰富的信仰融合起来的方案："我留下平安给你们；我将我的平安赐给你们。"① 他引用这句话回应教皇。

东西双方就此分道扬镳：中世纪的西欧被"战争的教会"（Church Militant）的思想支配；拜占庭在表面上的分歧之下却仍是一个稳定而统一的帝国，它长期以来长于"共识"（consensus）

---

① 圣经《约翰福音》第14章第27节。

政治，坚持着"教会和平"的宏伟理想。阿纳斯塔修斯在致教皇的信函的最后一句话里，写出了查士丁尼威严的序曲："您可以阻挠我，尊敬的神甫；您可以侮辱我，但您不能命令我。……"[1]

---

[1] 这是寄给刚刚接班教皇的荷尔米斯达（Hormisdas）的一封严肃信函。

图 100、图 101

帝国与蛮族

理想（上图）：君士坦丁堡大跑马场的提奥多西一世方尖碑浮雕，约 390 年

现实（下图）：皇帝的钱币，或许是赠礼，后被制成了蛮族饰品。瓦伦提尼安二世的一枚金币制成的 7 世纪金质挂饰，发现于斯塔福德郡（Staffordshire）

2. 荣光：查士丁尼及其继承者，527—603年

如上所述，阿纳斯塔修斯在宫廷中工作一生后，很自然地坐上了皇位。与此相对，查士丁尼则是东罗马文化的"暴发户"。他和舅舅查士丁一起，从一座巴尔干村庄漂泊来到了"统治之城"：他的母语是拉丁语。当身为宿卫长官（comes excubitorum）的查士丁意外成为皇帝时，查士丁尼则作为舅舅的法定继承人，投身于君士坦丁堡的生活。人们推测，查士丁尼是在君士坦丁堡而非在他的村庄，第一次把拉丁语看作帝国语言来重视。在君士坦丁堡，他深入了解了希腊神学文献，并选择了反单性论派（anti-monophysite）。在君士坦丁堡，他也踏入了"风流社会"（demi-monde）：他与赛马各派一起玩弄政治，他娶来的妻子提奥多拉（Theodora）来自与养马相关的人家。身为年轻人，他渴望顺应当地贵族的保守顽固风气：他向君士坦丁堡的元老们示好，并且在出任执政官后，又谦虚地将自己的象牙对幅献给他们，用拉丁文题上"礼轻敬意重"（munera parva quidem pretio sed honoribus alma）。他成为皇帝后，第一个决策就是成立一个委员会来重整罗马法。当527年查士丁尼继承了他没受过教育的舅舅的皇位时，"统治之城"似乎又吸纳了一家狂热的暴发户（parvenu）。

532年1月的尼卡大暴动极大地改变了他的统治节奏。这场

图102（右页上图） 查士丁尼及其臣子，拉文纳圣维塔利教堂马赛克画
图103（右页下图） 提奥多拉，圣维塔利教堂马赛克画

MAXIMIAN

以民众采用的"尼卡"（意为"胜利！"）口号得名的暴动是东罗马历史上最严重的一次暴动。被查士丁尼的大臣们激怒的人民和元老院联合起来反对皇帝。半个城市被焚毁。当火焰在大皇宫周围燃起时，只有提奥多拉能让她惊慌失措的丈夫振作起来——她说道："紫袍是最光荣的殓衣。"

提奥多拉的宣言成了查士丁尼统治的基调。查士丁尼有点像一位曾遭阴谋暗杀的19世纪俄罗斯"自由派"沙皇[1]，背弃了君士坦丁堡的传统主义要素。没有任何东罗马皇帝像他这样，如此热衷于利用个人独裁的资源。

从罗马的过去继承来的舞台式传统仪式退出了历史，让皇帝独享威严：这位年轻君主曾非常重视的执政官职位，在541年废置了。宫廷生活扩张了，宫廷仪式则更加令人敬畏；提奥多拉出行时，有4000名随从，这是19世纪奥斯曼苏丹的两倍。查士丁尼放下了受教育贵族的中立外表，直接向帝国内信仰基督教的行省人喊话。他摆出"最基督徒的皇帝"的姿态。他的宗教狂热无所不包，并且常常精明细致地针对那些备受孤立的少数群体，比如还存在着的异教徒。533年以后，他鼓动公众舆论来支持征讨西方的阿里乌斯派异端诸王国，严格立法打击渎神和赌博以维护公共道德。提奥多拉也尽了自己的一份力，为改过自新的妓女建立了一个收容所。查士丁尼在全帝国兴建教堂，这些教堂的风格都基于都城的巴西利卡圣殿，因此从摩洛哥大西洋岸边的休达

---

[1] 指亚历山大二世。

（Ceuta）到幼发拉底河，这些教堂都风格统一。在一个交流甚为原始的时代，查士丁尼通过令人难忘的基督徒的虔诚与基督徒的不宽容姿态，尤其是通过金钱、石雕艺术和马赛克画艺术，确保了寻常百姓也能切身感受到皇帝的专制存在。

在重建尼卡暴动中被焚毁的圣索菲亚大教堂时，这些基督教姿态达到了顶峰。查士丁尼本可以像早先情况一样，将旧教堂修复如初；但是他无意开展如此局促的项目。相反，他召集了特拉莱斯的安瑟密俄斯（Anthemios of Tralles）和米利都的伊西多罗斯（Isidore of Miletus），来建造一座革命性的全新教堂。这二位都是希腊世界中典型的技术精英：数学家安瑟密俄斯在抛物线的研究上超越了欧几里得；伊西多罗斯则研究过罗马的伟大古迹。圣索菲亚大教堂结合了两种传统：在这座教堂罗马式的宏伟壮观之中，希腊式抽象思维的传统凝固成了石头，做成了盘旋上升的圆顶。但查士丁尼在踏入这座全新教堂时，喊出了寻常拜占庭人更为喜欢的语调："所罗门！我胜过了你！"

对东罗马国家来说，6世纪30年代是一段黄金时期。查士丁尼充分利用了世界形势中的机遇。帝国舰队于533年从博斯普鲁斯海峡航向阿非利加，此举被描述为一场圣战，旨在从异端领主手中解放罗马沦陷的行省。北非汪达尔王国迅速崩溃带来的大笔意外之财，证明了查士丁尼是正确的：在大跑马场的凯旋式上，汪达尔王被示众。在534年颁布第二版罗马法《学说汇纂》（Digest）时，查士丁尼在公告上恢复了罗马征服者的浮夸称号：

"查士丁尼……汪达尔人、哥特人……的征服者"。①受委任来编纂这一巨著的人里,包括特里沃尼雅诺斯(Tribonian)和大区总长卡帕多西亚的约翰(John of Cappadocia)。而在仅仅两年之前的尼卡暴动中,暴徒们曾高呼口号要他们的脑袋。②查士丁尼及其支持者们比以往任何时候都更加坚定。539年,东哥特人被驱逐出罗马,并向查士丁尼乞和;君士坦丁堡的马赛克画上刻画了查士丁尼,他在忠实的幕僚的簇拥下,"表情欢快而喜庆"。

很少有皇帝能用如此精明的机会主义来确立自己受威胁的地位。但这样做也让查士丁尼剩下的统治时期笼罩在了他自己的阴影之下。与6世纪30年代的高歌猛进相比,他统治的余下25年似乎是一场不幸的下坡路。对现代学者来说,查士丁尼一直被困在他自己的形象中。学者们经常从字面意义来理解查士丁尼对宣传资源的精明操纵,并因此普遍把查士丁尼看作一位浪漫的理想主义者,心头萦绕着复兴罗马帝国的幻梦;而他后来的岁月的困境则通常被描绘为浮夸政策的恶报(nemesis)。查士丁尼没有那么阴险,毋宁说,他是一个复杂的人物。他在顺境中追求荣耀,因为他迫切需要荣耀来维持自己的地位;他天才地认识到了6世纪早期东罗马皇帝拥有的巨大资源:皇帝有一段几乎神圣的历史,一个充实的国库,并且各领域的人才供应都无与伦比。但就像罗

---

① 实际头衔要更复杂:Imperator Caesar Flavius Iustinianus Alamannicus Gothicus Francicus Germanicus Anticus Alanicus Vandalicus Africanus Pius Felix Inclitus Victor ac Triumphator Semper Augustus。
② 根据普罗柯比《战史》第1章第24节,查士丁尼在尼卡暴动中曾经将二人免职,但很快又复职了。

图 104 "罗马人的解放与光荣"（salus et gloria Romanorum）：庆祝查士丁尼收复失地的纪念币。皇帝出现在马背上，就像3世纪帝国复苏时的伟大时代一样（对照图15）。查士丁尼的纪念币，534—538年（复制品）

马帝国通常的情况那样，查士丁尼统治的历史是由遭到疏远和心怀怨愤的人写下的。查士丁尼背叛了帝国的传统统治阶级；他通过浮夸荣耀的政策对这些统治阶级实现了弯道超车；但正是这些人，心怀怨怼，聚精会神，把这位年轻皇帝的希望如何崩溃的每一个细节载入了史册。

6世纪40年代是灾难的十年。在540年，波斯沙阿（国王）"不灭之灵"霍斯劳一世（Khusro I Anoshirwan）打破了与拜占庭的停战协定。为了西方的战争，拜占庭忽视了东方防线。波斯攻陷了帝国的第二大城市安条克，先是挖苦地提出要把它卖给查士丁尼，后将其劫掠一空，再慢慢班师回朝，并肆无忌惮地扫荡了叙利亚北部的城市。

在应对波斯卷土重来的威胁时，查士丁尼证明了他不是梦想家。在意大利的战争立即降级。在接下来的几年里，查士丁尼愿意用来打点出使君士坦丁堡的波斯使节一人的钱，比花在收复的西方行省的全部驻军身上的钱还多。从黑海到大马士革，皇帝的深谋远虑化成了坚石。查士丁尼在东部边境的防御工事是罗马军事建筑中最精致的范例。它们仍然屹立在沙漠中，实实在在地提醒着人们，东罗马国家政策中近东事务的优先度压倒一切。

虽然东部行省的人们受到了保护，没有因查士丁尼致力西部而受到影响，但他在巴尔干的同胞们却直接感受到了压力。巴尔干的驻军遭到削减，来为西部军队提供兵源。多瑙河边境再一次变得漏洞百出。在6世纪40年代，斯拉夫人深入侵袭罗马领土。从559年起，君士坦丁堡本身也经常受到突厥游牧民族大联盟再起的威胁——这些游牧民族是阿提拉帝国的继承人：先有保加尔人（Bulgars），后有阿瓦尔人（Avars）。为了夺回远在意大利和北非的拉丁世界，查士丁尼削弱了东罗马在巴尔干现有的拉丁核心。查士丁尼对西部的野心，直接导致了斯拉夫人在巴尔干定居。虽然他的肖像在拉文纳留存了下来，但他建立的重组后的巴尔干首府，以自己名字命名的"第一查士丁尼亚"（Justiniana Prima，可能在塞尔维亚南部某处），却在6世纪晚期的入侵后消失得如此彻底，以至于无人知道它的确切位置。

大瘟疫这场自然灾难构成了这些倒退挫败的背景。这场瘟疫最初在541年至543年之间剧烈爆发，并在整个地中海流行到6世纪70年代。这是1348年黑死病之前最严重的一次瘟疫。它将6世纪30年代的辉煌一扫而光。

从540年起，查士丁尼就陷入了挣扎求存的困境。真正能衡量这个人和东罗马这个国家的不是533年至540年的"美好年代"（belle époque），而是在随后严酷岁月里展现出来的品质。拜占庭传统中的查士丁尼并不是6世纪30年代年轻的冒险家，不是在收复的都城拉文纳的马赛克画中的那个人所共知的形象；而是一位略显怪异的老人，每天晚上幽闭在大皇宫深宫之中，工作直到天亮——一位"多眼的"（polyophthalmos）、"不眠的"（akoimētos）皇帝。

在各场战争和瘟疫期间，查士丁尼的财政官员们一直保持着资金流入：他们并不是通过增加赋税来达成这一点的，而是通过确保富人及时纳税。此时，金钱成了一种赖以存活的技术。边防线上，防御工事取代了人员。国家竭力使用外交手段，以弥补军事力量的不足。只有在查士丁尼统治下，基督教传教士才开始在北方世界被用作拜占庭"文化帝国主义"的代理者：如今，接受洗礼和教士幕僚的到来成了与皇帝结盟的常规结果。

战争也变得更加专业化。在6世纪后期，拜占庭将军们撰写的手册显示出，他们多么仔细地观察过、模仿过游牧民族的新式骑兵战术。对这些人来说，战争就像打猎一样，是一门精妙的艺术，在这门艺术中，流血无法代替技巧。从540年起，持续不断的紧急军情使将军和外交官形成了一种实验性的思维模式。这种模式累积到7世纪中叶，发展成了拜占庭海军中的"希腊火"：这是中世纪早期战争中最具破坏性的技术应用。

在帝国内部，查士丁尼继续不断地修修补补。他尝试了新的财政收入形式：541年以后，诸如丝绸生产这样的行业就为政府垄断。他无情地砍掉了枯死的部门。从奥古斯都时代直接继承下来的，支出浩大的免费政府运输系统遭到裁撤。如今只保留了一条公路：横贯小亚细亚直抵东部边境的至关重要的大通道。晚期罗马国家一度拥有着生机盎然、纷繁复杂的外观，540年之前的查士丁尼也曾满怀热情地利用它丰饶而多面的遗存，而到了查士丁尼统治末期，这一切都被剥落了，只剩下了铁架子。

多亏了这次大刀阔斧的全面改造，查士丁尼的统治并没有以失败告终，而是截然相反。552年，一次精心策划和执行的战斗粉碎了东哥特人的抵抗；554年，西班牙南部大部分地区归于拜占庭统治；560年后，阿非利加平定了。拜占庭要塞拱卫的边防线，比图拉真皇帝更为进取。翻花绳般彼此联结的盟友保护着多瑙河防线。好斗的霍斯劳一世被彻底将死。在帝国内部，巴勒斯坦和叙利亚的村庄一如既往地繁荣。国际贸易为税收提供了机会：7世纪初，亚历山大里亚宗主教的船队驶向了康沃尔；查士丁尼和他的继任者们的漂亮的金币，一路远达瑞典、中国和桑给巴尔。

查士丁尼如此的成功，却恰恰是他给后世留下的最致命的遗产。他已经证明了独裁统治是解决拜占庭国家痼疾的短期良药。就像埃斯科里亚尔宫（El Escorial）无止无休地劳苦工作的西班牙国王菲利普二世，这位"不眠的"皇帝促成了一种一个人就能解决帝国问题的错觉。

个人治国的政府逐步削弱了帝国官僚的品质。6世纪早期的学者官员曾经是保守顽固的，并反对高税负。但这些人保证了一定程度的延续性，并促成了希腊世界受教育的统治阶级对政府的参与。查士丁尼天才的专业官员最终带来的结果是：越来越由皇帝宠臣组成的官僚体系与整个东罗马上层社会之间的联系削弱了。

这些官僚带来了税收；但是将有才华的年轻士绅们推向君士坦丁堡的稳定动力却消失了：为皇帝效劳这个职业实在令人看不上眼。

在整个6世纪，专业性不断增强，这导致了行省生活旧有结构的消失。希腊市政议会失去了对当地征税的自古以来的权利。到了6世纪末，身着庄严长袍的市政议员已经不过是人们的童年记忆。失去了旧日崇敬焦点的东罗马城市，就此落入了主教和大地主的控制。民众则转向神学和匪盗帮派。帝国所有城镇中的跑马竞赛的各派粉丝之间的惨烈冲突在6世纪末就让同时代的人震惊并不解，一如它们仍然让历史学家不解一样。

查士丁尼切除了东罗马太多旧有的社会组织。使他免于成为孤家寡人的，是他挑选的高效臣仆和无限的好奇心。在晚年，查士丁尼放松了掌控，导致了灾难性的后果。他的继任者们除了宫廷政府的传统以外无所依靠：毛里奇俄斯（Maurice，582—602年在位）和希拉克略（Heraclius，610—641年在位）都是雄才大略的皇帝；但是他们不得不通过受人憎恨且毫不团结的近臣小朝廷（camarilla）和自家亲属来统治帝国。

然而，东罗马帝国的弱点在于它本质上是一个非军事国家。它的实力在于其纳税人。在整个6世纪，农业生产一直保持在高水平；新的商业机会也出现了。直到希拉克略统治时期，皇帝们都有足够的资金分配给防御工事和外交手段这样的军事力量的替代方案。但是金钱不能创造士兵。毛里奇俄斯和希拉克略都重新点燃了罗马帝国更古老的军国主义倾向。他们都御驾亲征，但可以带的人却不足了。因此，在查士丁尼之后的拜占庭帝国，出现了一种脆弱与宏伟的奇怪结合：一片由富裕乡村和繁华城市组成的广阔领土，被两个大张旗鼓的军事帝国两面夹击——北方是阿瓦尔人的军人霸权，东方是令人生畏的波斯贵族。查士丁尼继承并强化了文官专制的传统，但这种传统如何能抵抗来自近东波斯的持续压力呢？要知道，就如一位罗马观察者曾说过的，波斯的艺术"只表现狩猎、流血和战争的场景"。

波斯的挑战在6世纪末7世纪初主宰了拜占庭。6世纪期间，罗马帝国已经成了一个近东国家。罗马城是一座前哨站。6世纪末一位教宗写道："如果上帝不打动皇帝的心，派给我们一个将军或总督，那我们就败了。"即使在遥远的西地中海沿岸，拜占庭的统治也意味着要融入一个东方的帝国。拜占庭在西方的前哨站就像是镜子，将东地中海的光芒远远地投射到中世纪早期欧洲北部的黑暗深处。虽然孤立而浮华，但西哥特统治的西班牙王国的发展却按着拜占庭生活的节奏：其统治者们紧盯着东罗马帝国，既当作典范，又视为潜在威胁。在欧洲北部，每座宏伟的教堂都挂着拜占庭的丝绸；祈祷书写在拜占庭纸草上；圣物盛在拜占庭银器中；传说和仪轨也都来自东方；不大得体的是，埋葬圣人所用的裹尸布是波斯丝绸，上面展现着琐罗亚斯德神话中的格里芬和伊朗高原上异教波斯王的狩猎壮举。

基督教世界的重心仍在东地中海地区。最早的坎特伯雷大主教之一提奥多罗斯（Theodore，669—690年在任）就是出身于塔尔索斯（Tarsus，位于土耳其南部）的拜占庭人。在诺森布里亚海岸，"可敬者"比德（Venerable Bede，约672—735年）对圣经的造诣,就来自于曾致信说服远在君士坦丁堡的查士丁尼的非洲主教们的著作。当格里高利一世希望与伦巴第人结盟时,他从耶路撒冷的圣十字圣地给后者的王后送来了一壶圣油。在西班牙的大西洋沿岸,一位不知名的女士也陪葬了一个类似的油壶。对欧洲的蛮族来说,耶路撒冷仍然是世界的中心:而耶路撒冷是一座拜占庭城市。

这些拜占庭前哨尽管不堪一击,却确保了地中海南岸归属于一个核心位于近东的帝国。这就是查士丁尼在西方的再征服的长期意义。从直布罗陀到加沙,这里的居民都与东部行省有着共同的对罗马皇帝的忠诚,共同的虔敬,共同的华丽辞藻,共同的稳定铸币。这些地区已经与其北方的不发达地区(西班牙北部、高卢和意大利北部)有了明显的区别。西方中世纪最明显的特征,就是地中海的对角线划分出了两个社会;近东帝国像一个楔形长斜面,从安条克延伸到瓜达尔基维尔(Guadalquivir)河谷。这场分裂正是始于查士丁尼征服。除了罗马和拉文纳,穆斯林直接踏入了拜占庭总督们的遗产地。甚至711年塔里克(Al-Tarik)带领摩尔人(Moors)决定性地进入西班牙的那场所谓"尤利阿诺斯的背叛"(betrayal of Don Julián),也是被孤立的拜占庭休达总督尤利阿诺斯最后的、灾难性的外交手段:他把穆斯林用作蛮族雇佣兵虽然判断失当,却极符合查士丁尼制定的拜占庭外交政策传统。

在近东,查士丁尼并非孤身一人。号称"不灭之灵"的霍斯劳一世领导下的波斯复兴可与他的成就相匹敌。同时代的历史学家密提林的撒迦利亚（Zachariah of Mytilene）在534年观看君士坦丁堡大跑马场的庆典时清楚地看到了这一点。在一场前所未有的凯旋式中，汪达尔王在查士丁尼面前被游行示众："但是波斯国王霍斯劳的使节们正在那里，他们坐在当场，并看到了这些……"同样，我们也该用更东方的眼光来看待6世纪的世界了。

图 105　富庶：6 世纪写本《维也纳创世记》（希腊神学写本 [*Cod. theol. graec.*] 31 号）中的飨宴场景

3. 东方的帝国：拜占庭与波斯，540—640 年

"不灭之灵"霍斯劳一世在泰西封（位于幼发拉底河畔，今巴格达以南 35 千米）的宫殿里的王座下有 3 个空位，留给中国皇帝、可汗（中亚游牧民族的统治者）和罗马皇帝，以备这些君主臣服而来觐见万王之王。① 这 3 位君王概括了萨珊帝国的广阔视野。波斯是连接东西方的纽带。印度科学和印度传说，尤其是佛陀的故事（西方人以为是贝赫拉姆与约沙法［Barlaam and Josaphat］的故事，后者的名字来自"菩萨"［Boddhisattva］）正是从 6 世纪的泰西封传入地中海。中国的旅行者对波斯很了解，但对罗马世界的了解则止于安条克。在中世纪早期，波斯的雇佣骑兵镇守着中国的北部边疆。正是他们把在与中亚游牧民族的不断冲突中学到的骑兵作战技巧引入了远东。

因为波斯首先是一个中亚强国。伊朗人的定居农业生活，特别是在里海边戈尔甘（Gurgan，古典时代的许尔卡尼亚［Hyrcania］）富饶的土地上的农业生活，一直受到来自突厥草原上的游牧民族的威胁。波斯人的宗教领袖琐罗亚斯德（Zoroaster）和他们最伟大的国王大流士（Darius）② 都死于与中亚突袭者的战斗，6 世纪的人们对此记忆犹新。传统的波斯社会和罗马人一样，都有鲜明的"蛮族"意识。霍斯劳一世从未在钱币上庆祝他攻陷安条克，但当 568 年他在北部边境粉碎了嚈哒人（Hephthalites，

---

① 这段说法出自 11 世纪。
② 原文如此。根据希罗多德《历史》，应为居鲁士。

图 106 "不灭之灵"霍斯劳一世（531—579 在位）。与文治皇帝查士丁尼不同，沙阿被绘为一位武士。他手持出鞘的剑坐在御座上。所谓"霍斯劳之杯"细部，6 世纪

也称"白匈人"［White Huns］）的庞大游牧帝国时，却发行了一批特别钱币，铭刻着："伊朗不再恐惧"（ērān abē-bēm kard）。中亚边境是古代晚期世界的军事实验室。波斯贵族正是为了对付游牧民族，才发展了全覆甲骑兵（cataphract）[①]——中世纪骑士的前身之一。典型的是，在罗马人那里，这种新技术是以美索不达米亚的叙利亚语俚语中首先使用的叫法——"铁炉小子"而闻名：拜占庭东部行省的人们目睹了这些来自河中地区（Transoxiana）的铁甲战士，并将他们的叙利亚语名称以其拉丁语翻译 clibanarius（铁炉骑兵）传给了罗马军队。

在中亚，波斯文明同样主导了中世纪早期的布哈拉（Bokhara）和撒马尔罕（Samarkand）。这些大城所属的亚伊朗粟特社会连接着东西方。在 6 世纪，粟特中间商把关于蚕的知识卖给了查士丁尼皇帝，一如一个世纪前他们把罗马的玻璃制造技术卖给了中国皇帝一样。在这个波斯文化的岛屿上，基督教在波斯人统治的美索不达米亚成长起来的两种形式，摩尼教（Manichees，摩尼［Mani］的追随者，见本书第 191 页）的激进禁欲主义和景教的人性化基督教，一直繁荣发展直到 13 世纪蒙古人入侵。在戈壁沙漠西南部的吐鲁番绿洲，10 世纪的摩尼教仪轨依然把天堂描绘成宫廷的样子，遵循着霍斯劳一世远在泰西封的王宫设立的礼节。

在希罗多德的教育下成长起来的西方人，认为罗马帝国和波斯之间的对抗是自然的。然而，鉴于伊朗统治阶级长期致力于中

[①] 来自希腊文 kataphraktos，"全覆盖的"。

亚，整个6世纪波斯帝国不断向西压迫拜占庭边界才是异常情况。此前罗马帝国靠着对手的庞大规模才得以保存。波斯帝国像龙的尾巴一样，在扎格罗斯（Zagros）山脉以东"严酷而崎岖的土地"上延展，远达奥克苏斯河（Oxus）[1]、阿富汗和印度河流域。堪称"近东的卡斯蒂利亚"（Castille）的贫瘠而干旱的伊朗高原是波斯帝国的传统中心。在这里，刻板的琐罗亚斯德教正统思想在6世纪无人质疑。同样在这里，传统大家族曾拥有专制的势力。在圣城伊斯塔赫尔（Istakhr）和波斯波利斯以及帝王谷（Naqsh-i-Rustam）的岩壁上，萨珊的万王之王借鉴了自阿契美尼德开始的传统。沙普尔一世让自己与居鲁士和大流士并肩。相比之下，在美索不达米亚，伊朗的统治阶级则来到了异国他乡。在泰西封的宫廷里，贵族们住在单独区域，他们居住的豪宅中储备了充足的冰块（据一位中国旅行者观察）[2]：他们渴望在米底亚（Media）山区的胡勒万（Hulwan）大猎棚里消夏避暑。在泰西封之外的人们讲叙利亚语。他们主要是景教基督徒，与颇有势力的犹太人社群一起生活。在6世纪末，许多波斯贵族都在美索不达米亚"被同化"了，成了景教基督徒，并不得不学习用叙利亚语颂唱《诗篇》。

然而，美索不达米亚是波斯帝国的经济中心。波斯诸王收入的2/5都来自美索不达米亚。这里古老的城市社会提供了宫廷依赖的技术。自从沙普尔一世在3世纪50年代突袭罗马帝国后，波斯控制的美索不达米亚，尤其是伊拉克南部的胡齐斯坦

---

[1] 即阿姆河（Amu Darya）。
[2] 《魏书·西域传》："气候暑热，家自藏冰。"

图107 重装"铁炉骑兵"。2至3世纪杜拉-欧罗波斯涂鸦

(Khuzistan),就住满了来自地中海东部的被驱逐者了。美索不达米亚的城镇为波斯诸王输送了建筑师和工程师。造就了6世纪萨珊丝绸的辉煌的织工就住在这里;金融家也是如此。用来指代土地税的术语起源于公元前5世纪阿拉米语,在萨珊人统治下仍在使用(正如我们在犹太《塔木德》中见到的);土地税在阿拉伯帝国官方称为"哈拉吉"(kharāj),阿拉伯帝国财政也依赖它。

美索不达米亚是一个具有巨大创造力的地区。从公元3世纪开始,其宗教领袖的观点就冲击了罗马帝国和波斯帝国的保守派。摩尼教的创始人摩尼(216—277年)就是这种环境下的典型产物。生活在亚洲十字路口的他感觉受到挑战,要去创建一个自觉的普世性宗教,而在地中海"青蛙的小池塘"周围的宗教思想家

图 108 在吐鲁番绿洲的虔信徒描绘的摩尼。这位宗教领袖出生在美索不达米亚南部，他的观点经由叙利亚传入罗马帝国，经由中亚传入中国。8 至 9 世纪中国吐鲁番高昌壁画

则没有一人感受到这种挑战。摩尼意识到了东西方的世界宗教之间的对抗：在他的启示中，佛陀和琐罗亚斯德都与基督并列。摩尼教的传教士在 5 世纪到达西班牙北部；到 7 世纪则到了中国。在同样肥沃的环境中，景教作为唯一真正的东方基督教会稳定下来。被排除在罗马帝国正统之外的景教徒们，与波斯统治阶级建立了微妙的妥协关系。景教神职人员沿着波斯人主导的贸易路线，远达福建和锡兰（Ceylon）；印度南部喀拉拉（Kerala）的叙利亚基督徒则向泰西封看齐。638 年，景教徒们向中国皇帝提供了一份信仰声明[1]：这是在一个陌生环境中，对安条克和亚历山大里亚

---

[1] 即"大秦景教流行中国碑"中贞观十二年的相关记载。

基督教护教士首先提出的论点的一次相当明确的回响。纵观中世纪早期，来自波斯治下美索不达米亚的叙利亚语神职人员在远东和地中海之间传播了许多有趣的文化碎片。

此外，一场对中世纪和现代欧洲至关重要的发展也发生在了美索不达米亚：拉比犹太教（rabbinic Judaism）最终凝固了下来。在波斯诸王的保护下，美索不达米亚的拉比们免于基督教的不宽容，并获得了比巴勒斯坦受威胁的教友更高的智识上的地位。拉比们编纂了《巴比伦塔木德》（Babylonian Talmud）。在查士丁尼规定哪些特定版本的犹太圣经允许在他帝国的犹太会堂里诵读之时，泰西封的拉比们却可以自由地创作激烈的驳论，抨击基督教的三位一体和处女受胎的教义。在波斯治下的美索不达米亚城市中提出的批评，很快就沿着沙漠旅队的路线传入阿拉伯，在那里对穆罕默德跨时代的一神教产生了决定性影响。

因此，美索不达米亚在波斯帝国中别具一格。美索不达米亚的城镇、它与地中海的联系、高比例的来自罗马帝国的移民，使它与伊朗高原的干旱、内陆和一丝不苟的传统主义世界截然不同。波斯沙阿自称"伊朗和非伊朗领土的万王之王"。在最初的几个世纪，这些领土并无交集。例如，雅兹戈尔德一世（Yazdkart I，399—421年在位）在美索不达米亚臣民中很受欢迎，却为伊朗保守派所厌恶，后者称他为"罪人雅兹戈尔德"。他的继任者"野驴"瓦赫拉姆（Bahram Gur，421—439年在位）在拜占庭人那里是个对基督徒的残酷迫害者；而在波斯，他却在整个中世纪被视为波斯历史上豪爽的"哈尔王"（King Hal）[①]：瓦赫拉姆是完美的伊朗绅士，充满激情的猎人，对贵族慷慨，且是琐罗亚斯德教正统的维护者。

然而在 5 世纪末，伊朗高原因循守旧的世界崩溃了，而美索不达米亚则大获成功。经过 7 年的饥荒，佩罗兹沙阿（Peroz I,459—484 年在位）在一次轻率发动的与嚈哒人的战役中，和他的军队一起遭到全歼。"佩罗兹饥荒"和波斯对中亚游牧民族的惨败，被认为是阿拉伯入侵前波斯历史上最惨痛的悲剧。它是伊朗"旧制度"的结束。保守贵族被战败削弱，又受到突然爆发的末世激进主义（apocalyptic radicalism）威胁——这场运动由宗教领袖马兹达克（Mazdak）发起，他的教义在饥荒时期曾引燃过暴动（jacqueries），这些贵族中的幸存者们围绕在年轻的沙阿霍斯劳一世身边寻求保护：在身为王储的霍斯劳于 528 年屠杀了马兹达克追随者时，贵族们给了他"不灭之灵"的称号。霍斯劳的确保护了贵族，却有自己的条件。他把琐罗亚斯德教神职人员以及显要大族都绑在了自己的宫廷上。一个新的专业阶层逐渐接管了行政，其中有许多人都是基督徒：这些人来自美索不达米亚，而非伊朗。

在近东，霍斯劳被认为是出类拔萃的公正君主。他对这种公正的目的有自己的看法："君主依赖军队，军队依赖金钱；金钱来自土地税；土地税来自农业。农业依赖公正，公正依赖官员的正直，正直和可靠依赖于国王的时刻警惕。"虽然他的同时代人查士

[①] 即莎士比亚笔下年轻时的亨利五世。

丁尼也被认为是"公正的",但这指的是他身为法律编纂者:相比之下,霍斯劳实现了近东强大的长臂国王的理想。在听说胡齐斯坦叛乱时,霍斯劳告诉景教大主教:"去写信告诉他们:如果每个叛乱者没有保持安静的美德,我将用剑、弓和箭去反击他们,我将杀死每个坚持不服从我的人——不管他是一个好的琐罗亚斯德教徒、犹太人还是基督徒。"

霍斯劳一世48年的严酷统治和他的孙子、反复无常的"胜利者"霍斯劳二世(Khusro II Aparwez, 591—628年在位)37年脆弱而宏大的统治,标志着近东中世纪的真正诞生。在阿拉伯人到来之前的至少一代人中,波斯社会已经脱离了过去,并获得了一种持续到中世纪的形式。正如在西方人的印象中,奥古斯都皇帝是实实在在的君士坦丁和查士丁尼旁边的一个虚幻的影子一样,在近东,霍斯劳之前的沙阿们都是遥远的童话人物。中世纪近东的历史是从霍斯劳开始的:他在阿拉伯人那里被称为凯斯拉(Kesra),在现代波斯则被称为霍斯卢(Khusraw)。

5世纪世界那以等级制度为本的贵族结构松动了。绅士廷臣"德赫干"(dekkan,常见的转写为 dehqān)兴起,成为了波斯社会的支柱。他们代表一种新的生活方式。德赫干拥有可观的土地,也是军人和廷臣。像拜占庭一样,新的波斯行政精英创造了一种融合了精致和专业主义的新文化。这些德赫干们兼收并蓄:霍斯劳一世对希腊哲学和北印度典雅传奇的翻译都加以赞助。在巨大的摩崖浮雕的画面中,他们公元4、5世纪的前人在与敌人或野兽英勇战斗,而这些廷臣们的游乐则是下棋与打马球,训练猎隼狩猎的精细技巧也取代了早先几个世纪的狩猎大型猎物。国王伟大的典型形象消失了。精美的刺绣丝绸更符合 6 世纪晚期波斯人的口味。最重要的是，在霍斯劳一世的宫廷里，我们离开了神的时代，来到了人的时代。琐罗亚斯德教变成了一种有些保守的单纯的观点。再也看不到沙阿们从他们的神阿胡拉·马兹达那里当面接受权力的形象了：霍斯劳只出现在他的廷臣面前。6 世纪的秘仪是万王之王的光环（farr-i-padshahan）。在波斯不再属于琐罗亚斯德教之后很久，德赫干仍然保持着对君主的尊敬。

这些发展决定了近东未来 500 年的历史进程。在波斯，由霍斯劳一世建立并由霍斯劳二世完善的宫廷社会，像一块水中的礁石一般，扭转了阿拉伯帝国的走向。8、9 世纪"波斯对伊斯兰教的征服"表现在阿拔斯哈里发国（Abbasid califate）于巴格达的建立上，该城就在泰西封废弃的厅堂目力所及之内。这是古代晚期近东创造的生活形式的最后的花朵。

在许多方面，6 世纪晚期改革后的波斯社会围绕在了一个中心位于美索不达米亚的次拜占庭宫廷周围。拜占庭建筑师出力在泰西封建造了宫殿；拜占庭的土地税为霍斯劳一世的改革提供了模板；亚里士多德在此时被拿来重新定义琐罗亚斯德教的伦理观；和边境另一边的邻居同样讲叙利亚语的美索不达米亚基督徒，把拜占庭医学、哲学和宫廷礼仪传播到了萨珊首都。边境时常是开放的。527 年，来自波斯城市尼西比斯（Nisibis）的景教教师们在君士坦丁堡受到了欢迎；532 年，来自雅典的柏拉图学派哲学家则来到泰西封与霍斯劳共处。新月沃地（Fertile Crescent）居民

图109 中亚的波斯余晖。在和阗，用波斯风格绘制的一位印度教神祇。7至10世纪中国新疆（古代和阗）护国寺木板画

的财富和创造力拉近了拜占庭和波斯的距离。两国之间从540年到561年、从572年到591年、从602年到629年的持续不断而令人精疲力竭的战争状态，是两个社会被推近的结果。

霍斯劳一世无意中摧毁了波斯帝国的平衡。他已经不动声色地放弃了伊朗和中亚，转向了美索不达米亚。6世纪末7世纪初的萨珊王朝失去了他们以前的眼界，被迫与拜占庭这个在经济上甚至军事上都更强的国家争夺近东的霸权。

波斯在拜占庭东部边境的迅速崛起，是6世纪不寻常的一面。5世纪晚期的"近东病夫"波斯赶上了它的对手。在霍斯劳一世统治之初，波斯寄生于拜占庭：沙阿用他强大的战争机器，以勒索的方式从其富裕的邻邦那里榨取钱财。霍斯劳一世对拜占庭各行省的掠夺"泵出了钱财"，使波斯摆脱破产。在霍斯劳二世的统治下，波斯成了近东的金融巨人，而沙阿则成了一个神话般宫廷的中心。

霍斯劳二世是霍斯劳一世政策命中注定的继承人。他具备统一近东的皇帝的素质。霍斯劳二世与波斯本土贵族十分疏远，他是在拜占庭雇佣兵的帮助下，于591年重新登上王位的。[①] 大量基督徒围绕在他周围。他美丽的妻子希琳（Shirin）和他的金融奇才基尔库克的雅兹丹（Yazden of Kirkuk）都是景教徒。霍斯劳二世精明地向边境两边的基督徒宣传，把自己的成功归功于叙利亚语人士和新月沃地阿拉伯人的主保圣人圣塞尔吉俄斯（Saint Sergius）的保护。在这种半基督教的形式中，万王之王的影子一直延展到了近东的西部。

霍斯劳二世在603年找到了机会。他以为倒台的皇帝毛里奇奥斯报仇、维护合法统治、讨伐篡位者佛卡斯（Phocas）为借口，入侵拜占庭帝国。这个新的美索不达米亚宫廷像居鲁士、薛西斯、大流士时代一样重新一统新月沃地的梦想，似乎就要实现了。安

[①] 霍斯劳二世于590年初登皇位，但因为政治斗争被迫逃亡拜占庭治下的叙利亚；翌年，在拜占庭皇帝和军队帮助下反攻泰西封，恢复王位。

条克在613年陷落，耶路撒冷在614年被攻下，埃及则在619年被征服；到了620年，波斯人的烽火在博斯普鲁斯海峡对岸的君士坦丁堡城墙上清晰可见。霍斯劳二世前来是为了长期统治的：埃及的波斯统治者用巴列维文（Pahlavi）记下了税务文件，这些文件赓续了波斯人始于阿契美尼德时代的统治埃及的传统——只是中间有900年的中断。

查士丁尼统治时期发展的手段拯救了拜占庭帝国。希拉克略调动了君士坦丁堡的民众情绪。他以一支规模虽小但纪律严明的军队打了许多漂亮仗。他卷走能找到的每一点钱深入高加索地区——甚至圣索菲亚大教堂的珍宝都被熔成金币，在波斯北方家门口，希拉克略按照查士丁尼的模式进行补贴外交，与可萨人（Khazars）结盟，并于627年向南进攻，直插霍斯劳帝国的心脏。万王之王在达斯特戈德（Dastgerd）的宫殿被烧毁；这场对不设防的地产、琐罗亚斯德教教士与贵族圣城的闪电袭击，使得霍斯劳二世名誉扫地，并于628年被其臣下谋杀。

这场战争对近东定居人口来说是一场灾难。613年后，安条克郊外村庄的繁荣戛然而止；亚历山大里亚城一部分遭废弃；被征服的领土被毫不留情地课以重税，当地熟练劳动力也遭到了剥削。至于波斯，统治近东的豪赌已经失败。波斯已经没有什么退路了。穆斯林军队在到达伊朗高原时，面对的是无政府状态。

但最致命的弱点是，两个伟大的帝国都没有为接下来的事情做好准备，那就是与伊斯兰崛起相关联的，新月沃地南部原始地区的大爆发。

波斯和拜占庭之间的引人瞩目的战争一直是在新月沃地北端进行的：从高加索到美索不达米亚北部的农村布满了昂贵的防御工事；军队的进击和退却都在这片熟悉的环境之内。相比之下，新月沃地柔软的下腹部则由邻近的同盟阿拉伯部落组成的脆弱的保护网保卫：在大马士革以东的贾比亚城（al-Jābiya），拜占庭的藩属国伽珊部族（Ghassanids，也称 Banū Ghassān）维持着边境的治安；在希拉城（al-Ḥīra）的拉赫姆王国（Lakhmid Kingdom）也是一个缓冲国，是泰西封与距离城墙仅有 100 英里的沙漠之间的屏障。

在上一次大战中，双方都忘记了阿拉伯人。边疆上的阿拉伯人本是大国精心培养的门生，却有可能沦为近东的贱民。从伊拉克南部到西奈半岛，在耕地和沙漠之间保持平衡的精巧防御体系已经被冲垮了。罗马的堡垒已经荒废。酋长们不再动心去控制他们的追随者。在波斯人占领期间，贝都因人（Beduin）已经肆无忌惮地袭击了耶路撒冷的大门。

如果说两个大国忘记了阿拉伯人，那么阿拉伯人自己则感到与北方那些定居国家的富庶城镇和扰动人心的思想史无前例地接近了。大约 600 年，在麦加，一个商人寡头集团已经开始投入大量资金与叙利亚南部和希拉城直接贸易。麦加商队促进了大马士革、布斯拉（Bostra）、杰拉什（Jerash，希腊语称 Gerasa）和加沙经济生活的意外繁荣。当叙利亚北部一片荒凉的时候，这些南部的城镇就会出现动荡。麦加商人（其中最不成功的是一位名叫穆罕默德的）在大马士革外功成名就。阿拉伯商人冒险家们不断向不设防的南部边界施压，这警示着，条条大路可能都已经通向麦加了。

高奏凯歌的拜占庭人对此一无所知。他们从遥远的北方来到这些已经脱离他们控制长达 20 年的行省。他们感兴趣的是更重要的事。"一位宦官带着钱来到大马士革，而守边的阿拉伯人找他索要惯例的补贴。宦官大怒，将他们赶走并说道：'皇帝都快要没钱付给自己的军队了：我们怎能把他的钱送给这些走狗呢？'"（"证信者"戴法纳［Theophanes the Confessor］，《年代记》［Chronicle］）

图110 宫廷风气。"胜利者"霍斯劳二世的宫廷在高雅与生活之乐上达到了前所未有的高峰,并在整个中世纪都一直是廷臣与贵族社会生活的模范。6世纪萨珊镀金银壶细部

4. 古典世界的终结：早期中世纪的文化与宗教

希拉克略和霍斯劳二世的争斗在拜占庭历史上长期被视为一场伟大的战争。在16世纪仍有一位俄国大主教写到，君士坦丁堡虽然被波斯人和阿瓦尔人"如网中之鱼"般围住，却最终得以保全。希拉克略的崛起掌权和他打败波斯，都发生在一种圣战般的气氛之中：他曾在桅顶放着圣母像航向君士坦丁堡；也曾像十字军那样发动远征进入波斯，以从不信神者那里夺回614年被波斯人从耶路撒冷夺走的圣十字架遗物。

这些举措使一些人把希拉克略描述为拜占庭的第一位"中世纪"君主。但就希拉克略实际的政策而言，这样的描述是误导。希拉克略并非革新者，他不过是一个基本上保守的皇帝，是查士丁尼独裁传统的继承人，尽力在绝境中力挽狂澜而已。霍斯劳二世也并非拜占庭宣传中的"不信神者"。他通过一群基督徒组成的小朝廷（camarilla）统治波斯。这些景教基督徒们对圣十字架这一珍贵圣物看护有加：圣十字架被夺走并运往波斯，是近东这一派基督徒对其西方教友的胜利。

拜占庭与波斯的大战并未导致任何有意识的政策变动，只是更尖锐地揭示了前几代人一直以来的事态发展。自从6世纪中叶，地中海世界的氛围就已经发生了变化。无论是拜占庭、意大利、西哥特治下的西班牙还是高卢，都会让我们得到同样的印象，就

图111 稳定的世界。大天使们穿着宫廷官员的制服，举着源自罗马军队的旗帜（对照图89）。土耳其尼西亚的圣母升天教堂（Church of the Assumption）马赛克画

ΑΡΧΕ ΔΥΝΑΜΙC

像乘火车的旅客在一段漫长而缓慢的旅程的终点才发现外面的景观已经改变那样,我们可以感受到,在从查士丁尼到希拉克略之间关键的几代人中,一个中世纪世界最终形成了。

边界加强了。拜占庭帝国显现出了将在整个中世纪与众不同的团结和"光荣孤立"。6世纪50年代的普罗柯比还在扫视已知的文明世界;他在6世纪80年代写作的后继者阿加西亚斯(Agathias)却对西地中海一无所知,但对萨珊波斯的历史与宗教关注得事无巨细。同样在阿加西亚斯的著作中,"罗马人"和"蛮族人"的分别也拉大到了基督徒和不信神者之间的鸿沟。普罗柯比看待波斯时有着希罗多德式的客观超然;但对阿加西亚斯来说,波斯人是异教徒,"而人怎么能和信仰不同的人签订和约呢"?在希拉克略将这种基督教外侵主义动员起来之前的一代人中,拜占庭就已经将自己视为近东的基督教堡垒了:耶路撒冷的圣十字架就是约柜,而拜占庭人也不再将自己视为一个世界帝国的公民,而是自诩为被敌对的异教民族环绕的上帝选民。在地中海的另一端同样的进程也在上演,尽管说法不同:在西哥特治下的西班牙,信仰大公教的国王们将教会与国家融合起来;他们通过主教们统治伊比利亚半岛上遥远的城市。在这样封闭的社会中,叛国和不信神是等同的。

边界的强化反映了内在的严苛死板。查士丁尼以后,地中海世界开始不再把基督教仅仅看作社会中的主导宗教,而是把整个社会视为完全的基督教社会。异教徒们在上层阶级中消失了,甚至在乡村中也销声匿迹了。一旦这个楔子被拔除,非基督徒就发

图 112　拜占庭城市的新领袖。塞萨洛尼基的主教与总督,受着圣德米特里的庇佑。7 世纪早期塞萨洛尼基圣德米特里教堂镶嵌画

图113 塞维利亚的依西多禄。出自一部《论大公信仰驳犹太人》写本（*Contra Judaeos*，法国国家图书馆拉丁写本 Ms. lat. 13396 号），可能出自法国东北部，约 800 年

现自己在一个铁板一块的社会中成了不法之徒。犹太人立刻就感受到这一变化：在西班牙、拜占庭和北非，他们第一次遭到大规模官方迫害，并被迫接受洗礼，被迫"融入"基督教社会。中世纪"基督教社会"的概念——该社会不安地毗邻着少数族群聚居区——就是从该时期开始的。

这一变化昭示着文化的迅速简化。古代世界尤其是古代晚期阶段最重要的特征，就是贵族文化与大众文化之间存在着鲜明的界限。在 6 世纪晚期，这一界限几乎被洗刷殆尽：市井小民基督徒的文化破天荒地与主教和统治者的精英文化相一致了。

在西方，世俗精英完全消失了。那些尚未消亡但将被罗马-日耳曼混血出身的廷臣取代的元老大族，纷纷转去做了主教。主教们对古典文化并不像他们宣称的那样不宽容，但他们都非常忙碌。古代的文化理想依赖于一种古代的生活方式，其中至关重要的是"闲暇"以及一定程度上与政事隔绝。在 540 年至约 580 年这短短一段时间，学者官僚卡西奥多鲁斯曾将高雅悠闲这一贵族理念带入了他在南意大利地产里建立的维真（Vivarium）修道院。但一代人以后，意大利已没有人拥有闲暇了。罗马教士写道："如果我们关心的是世俗上的博学，那么我们认为现在已无人能自夸学识渊博了。这里，蛮族人的狂暴每日都在燃烧，时而烧起时而熄灭。我们的全部生活都被忧虑占据，而我们的全部努力都用来击退围绕着我们的战团。"

即使在西班牙和高卢这些受到更好保护的行省，一种新生的、更纯功利主义的理念也取代了先前的标准。这个时代主教们最迫切的需求，不是高雅的闲暇，而是基本的识文断字。在4世纪，哲罗姆曾梦见基督斥责他读了太多西塞罗；在6世纪，图尔的格里高利（Gregory of Tours）也做了类似的梦，而他遭到斥责的原因不过是花了太多时间学习速记。高卢的行政高官兼主教们最需要的技能不是对古典文化的知识，而是速记。此时，即使是文化人也身处古典世界之外了。对塞维利亚的依西多禄（Isidore of Seville，570—636年）来说，古典文化好似地平线上的一排青色的山峦：无法了解远方各个山峰之间相隔多远——西塞罗和奥古斯丁、维吉尔和哲罗姆，无论是异教徒还是基督徒都被这位7世纪主教尊奉为早已逝去的过往的"大师"。

因此，古典文化在西方缺席判负了。在整个6世纪支持着古典传统的各种社会环境，在7世纪迅速消失了。即使在教士寡头已经培养出对久远过去的记忆的罗马，人们也接受了文明重心又一次转回东地中海的现实。在7世纪，来自北方的旅行者们发现，教皇和随从们用希腊语互相低语。

但大型拉丁文图书馆却比曾经常常造访它们的贵族们存活了更久。纵观7、8世纪，对来自文化程度较低的各省的书痴们来说，罗马就是麦加。但一位来自西班牙的主教却需要由一位天使来告诉他，要在教皇图书馆深处的哪里找到他想找的文本。

最能体现大环境变化的，莫过于书籍本身的命运。早期中世纪是属于奢华的书籍装饰的时代：因为在西欧，书面文字已经不再被看作理所当然之物了。书籍本身成了神圣之物。它被郑重其事地装饰美化了；门外汉也能借助标点和插入的章节标题（二者在古代世界讲求实际的图书生产中都未出现过）更轻松地阅读书籍。大福音书、礼仪书、精心制成的教父布道集与其他神圣物品一起，在巴西利卡大教堂中被单独保存，将7、8世纪的人们与他们所敬畏的、只理解一部分的过往联系起来。

最重要的是，那些在制书上做得最多、从南方的图书馆资源中最富热情地获益的人们，与地中海却没有联系。7世纪是爱尔兰和诺森布里亚（Northumbria）文化的伟大时代。在这一新环境中，古代晚期的遗产被彻底转化了。科普特福音书原始的装饰突然喷薄而出，化为了凯尔特彩饰中静谧而晦涩难解的精微之处，这种艺术的根基是拉坦诺（La Tène）时代的史前艺术。因此，7、8世纪西欧文化发生的事既有意义也很重要：但这已不属于古代晚期世界的历史。

在拜占庭，古典精英集团得以存续。这个精英集团在整个中世纪不断重塑自我。现存最精美的古典手写本大多数生产于中世纪的君士坦丁堡。事实上，要不是9、10世纪以来的拜占庭廷臣与主教们的需求，我们本会（除了纸草上一些残篇之外）对柏拉图、欧几里得、索福克勒斯和修昔底德一无所知。我们所知的古典希腊文化，是君士坦丁堡上层在整个中世纪一直感兴趣的希腊文化。这些人甚为自然地生活在古典过往之中，以至于中世纪拜占庭从未经历一场文艺复兴：拜占庭人根本不认为古典过往曾经消逝过，因此他们也很少自觉地试图使之"重生"。他们与之最接近的概念是"净化"（anakatharsis）：就像是一个始终存在的公共纪念物，偶尔得到冲洗，并在狂热之时重新镀金一般。

查士丁尼治下的文化仍包括一些对基督教来说并不通透的领域。雅典的异教徒教师们直到6世纪60年代一直支配着高雅阶层的知识生活。而他们的基督教对手则只能披上一层正统的外衣，来掩饰一直由异教徒们牢牢掌控的柏拉图主义。在7、8世纪由希腊和叙利亚的基督徒哲学教师传给了阿拉伯人的哲学传统，仍公认属于异教；而中世纪诸多正统穆斯林和天主教学者的内心探索，则都是对查士丁尼时代雅典柏拉图学园里那不可同化的异教传统的致敬。

因此，这个时代的学术生活特征就是激烈的争论。亚历山大里亚的一位古怪的基督教教师"勤勉者"约翰（John Philoponos），攻击最后的异教徒们相信诸层天是神圣而不灭的，因此他在一些关于恒星可灭和物质性的观点上是伽利略的先驱；他又证明地球是圆的、地震由蒸汽压力引发，以此来为自己辩护而反对"原教旨主义"基督徒。

平民上层的文化也一直以古典文化为基础。6世纪以古典特

变化的书 图114（左上图） 一部圣经古代晚期写本：制作简单、专业而务实，没有标点符号。出自4世纪《西奈写本》（*Codex Sinaiticus*）的册页

图115（右上图） 书页成了自成一体、满是古怪而富有寓意的装饰的世界。约750年写于法国北部的《热洛讷圣事书》（*Gellone Sacramentary*，法国国家图书馆拉丁写本12048号）册页细部

图116（左下图） 圣物。华丽的圣物盒，拥有着与外侧的人物相关联的超自然力量，是中世纪早期统治者和主教们最有价值的财产。阿奎丹的丕平（Pepin of Aquitaine）的圣物盒，孔克的圣斐德斯（Sainte-Foy, Conques）教堂珍藏品

作为圣物的书

图117（上图） 教宗格里高利一世赠予伦巴第王后提奥多琳达（Theodolinda）的一本福音书，金镶宝石封皮

图118（左下图） 圣拉德贡（St. Radegund）的雕花木书桌，出自她在普瓦捷（Poitiers）的修道院，约587年

古典传统

图 119（上图） 在公共生活中：6 世纪君士坦丁堡演出着一场希腊悲剧。阿纳斯塔修斯的象牙对幅细部

图 120（右图） 在私人品味中：一位君士坦丁堡富人的银器仍然展现着古典神话的场景——古典神话也为查士丁尼时代诸多精致的诗歌提供了主题。7 世纪早期银盘，刻有塞勒诺斯（Silenus）和一位酒神狂女（maenad）

色写成的诗歌是罗马帝国治下希腊人创作的最佳诗作，而且这些诗歌在情感基调上完全是异教的。在普罗柯比的作品中，基督教只能在以希罗多德、修昔底德为模板的古典史书的磨砂玻璃之后隐约可见。只要是有富有赞助者的地方，诸神就会在艺术中存续，无论是在科普特纺织品还是雕刻品之上；希拉克略时代君士坦丁

堡富人的银器上，西勒诺斯仍在追逐着宁芙。

查士丁尼的独裁制度致命地削弱了古代晚期文化的贵族基础：私人化政府削弱了传统的官僚制度，而中央集权则削弱了行省城市的独立生活，后者正是几个世纪以来希腊的学者贵族出身的基础。随后，独立的古典精英阶层迅速崩溃：在6世纪末，帝国统治阶级的文化最终变得与普通人的基督教文化难以区分。对犹太人和少数尚存的异教徒偶尔的粗暴惩罚展现出了一种宗教不宽容的氛围，这种氛围显示，罗马法的规范屈服于公共舆论的风暴。这一时期也是拜占庭圣徒传记的黄金时代。这些用简单且过得去的希腊文写成的圣徒传记，是"中端"文化的胜利。现在，自皇帝以下的所有拜占庭人都在阅读它们。大格里高利的《对话录》(*Dialogues*) 中的奇迹故事是同一现象的拉丁文版本：在其中，我们得以最后一瞥罗马元老院，元老们好奇地调查着石棺的奇迹特性。[①]

6世纪晚期新的流行文化是真正意义上的"中世纪"文化。这种文化走在新的路线上，利用着新的能量，并标志着一种新的、并非古典的感受力的出现。古代晚期世界的上层社会的文化曾完全是文学的。书籍和口头语言是仅有的使受教育人士感兴趣的文化形式：例如，没有任何古代晚期的主教哪怕暗示过要在自己讲道的教堂镶嵌上革命性的马赛克画。到了6世纪，文学传统已积累成一笔令人瞩目的过往的遗产。人们在教父们那里采掘着引文的"链条"(catenae)。在这种氛围中，作伪大行其道：这无疑表

---

① 《对话录》第4卷第27章。

现着过去已经与现在割裂开来，成了一个永恒而扁平的背景板。6世纪神秘主义作品托名于圣保罗的弟子，战神山法官狄俄尼修斯（Dionysius the Areopagite，也常译成"亚略巴古的狄俄尼修斯"）；而哲学家们则在阅读着苏格拉底写给普罗提诺的书信！

文字已经缩回了壳中。音乐是6世纪的新风。神学上的争论取决于虔诚圣歌的副歌。拜占庭的礼拜仪式发展出了戏剧的形式。此前，十字架在古代晚期艺术中是一个模糊的象征物：它要么是罗马人胜利的纪念物，要么是马赛克拱顶的天上用点点繁星镶嵌的遥远的标志；现在，凭借着叙利亚的受难日挽歌的感染力，十字架上又加装了被钉的基督的身体。

在音乐之外还有圣像。视觉图像、风格化的肖像是能直接触动市井百姓的集中而有力的符号。因为普通人已经与那种装点帝国公共生活的高深的文学象征符号相疏离了。当一位皇帝于570年把传统而古典的带翼君士坦丁堡"革尼乌斯"（Genius）[①]放在他的铸币上时，行省人大吃一惊：他们以为这位皇帝成了异教徒；他们想要在钱币上看到的是简单而震撼的十字架徽记。与晚期罗马艺术中帝国官职的多种多样且略有异教色彩的象征物——执政官的长袍、祭司的束带、上配古典的带翼胜利女神像的宝球相比，7世纪西哥特治下的西班牙大公教国王的献纳大金冠，则是王权观念的精炼而有力的符号：这一符号深深植根于大众想象中，并与古罗马的过往没有关联。同样，7世纪拜占庭皇帝们直

[①] 即罗马传统中万物的灵或守护神。

图 121（左图） 身为"万王之王"的基督。皇帝查士丁尼二世的索利多金币

图 122（右图） 王权的新象征。西哥特王雷卡斯文茨（Recceswinth）的献纳金冠，653—672 年

接诉诸许可他们统治的超自然力量——诉诸大众虔信的全能者基督（Christ the Pantocrator）。在查士丁尼二世的钱币（685—695 年以及 705—711 年）上，皇帝避退到了"万王之王"（Rex resnantium）基督可敬的长须肖像背面。与查士丁尼一世钱币上跃马向前的老式罗马骑士相比，我们现在身处的是完全不同的世界。

圣像席卷了地中海世界。从埃德萨的基督圣颜（Mandylion）到耶路撒冷的圣十字架，再到君士坦丁堡的圣母像（Hodegetria），圣像与圣物成了帝国的法宝护符，因为这些物品可以具有奇迹特性。超自然现象"集中于"基督教城市核心区的这些圣物的物理存在。圣像艺术也跟随着这种集中于单个圣物的趋势。5 世纪及 6 世纪早期欢快而华丽的装饰，彩虹色的马赛克画中比空气还轻盈的山峦与宫殿，凡此种种都消失了。留下来与我们面对面的，是金色马赛克的光芒中孤零零的一个人像。这种新艺术与圣维塔利

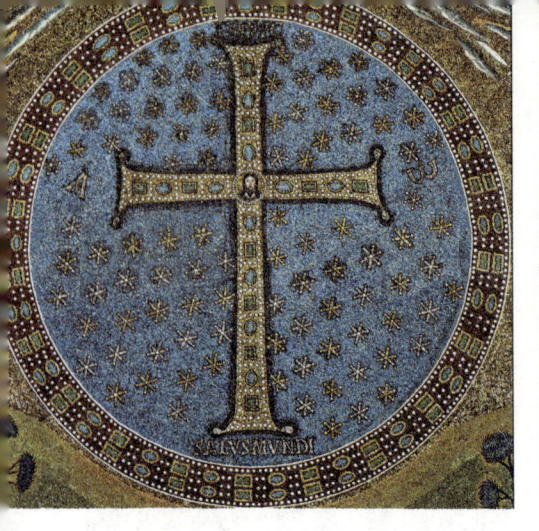

教堂里查士丁尼宫廷场景里流动的帷幕和泪泪的喷泉之间，立着一堵玻璃墙。

6世纪晚期和7世纪的世界已达到了这种"集中"而稳定的特质——至少在人们的想象之中是这样。比任何神圣个人都更长远的长期记忆将"黑暗时代"的崇拜场所神圣化了，就像古典世界的宏伟神庙一样。区区凡人们来了又去，但它们却得以长存。新的虔诚是对圣物的忠诚，而先前几个世纪的热忱则集中在圣人上。在罗马和高卢的大众想象中，圣人遗物和殉道者陵墓完全取代了活着的圣人。6世纪，图尔（Tours）没有过隐士；但无论是主教还是市民，都生活在圣马丁巴西利卡大教堂的庇荫之下，并时刻感受着一个200多年前就已去世的人的存在。正是在这些圣人遗物的保护之下，地中海城市在危机四伏的7世纪重新找到了古老的爱国主义。反复遭到马其顿的斯拉夫定居者围困的塞萨洛尼基的历史，就是圣德米特里（St. Demetrius）奇迹的历史；罗马的历史就是圣彼得的历史；而君士坦丁堡的历史，则是圣母的历史。

图123（左页左图） 没有受钉者的十字架。6世纪拉文纳克拉塞的圣亚珀理纳利教堂镶嵌画

图124（左页右图） 受钉的基督。586年叙利亚《勒布拉福音书》（*Rabula Gospels*）小画像细部

注：今藏佛罗伦萨洛伦佐图书馆 cod. Plut. I. 56，因有"勒布拉"的抄工签名而得名。

图125（本页右图） 宗教虔敬：圣餐礼。出自一面6世纪的叙利亚盘子

在某种意义上，我们已转了一整圈又来到了安敦尼时代的无忧无虑、异教保守主义的日子。天地已经安定下来达成了秩序良好的和谐。基督教现在成了祖传宗教。基督教的公共仪式如能一丝不苟地执行，就一定能消灾避祸、确保超自然力的青睐。上帝是远处的皇帝；但天使们高大的身影与早已逝去的基督教英雄们一起守护着人间。早期中世纪的人们就像曾经的马可·奥勒留一样，默默坚信着，那些遵守祖先之道的人们可以期待在不可见的庇护者的关怀下获得精心照料。

这场巨变在不同地区对社会结构的影响截然不同。在拜占庭帝国，尤其是小亚细亚，它造就了一种新的团结意识。像是汽油在加压活塞中爆炸一样，正是被波斯人和阿瓦尔人围困将近十年的君士坦丁堡民众的热情，驱使希拉克略大军"深入无神的波斯的心脏"。中世纪君士坦丁堡高昂的精神斗志——其基础是上帝建立的帝国的首都将会永存的观念——可以追溯到这个时代，而就像后来经常发生的那样，这个时代的罗马帝国已蜷缩到首都城墙了。但在君士坦丁堡和小亚细亚之外，希拉克略就无法驾驭拜

占庭国家新的虔诚了。疲惫而面临破产的他回到了已有20年未见基督徒皇帝的行省。基督教民众的虔诚第一次挣脱了东罗马国家的触手。

希拉克略的失败敲定了罗马帝国及其相关的大量古典传统在近东的命运。在从提奥多西一世到查士丁尼一世的时代，皇帝们巧妙地拉拢民意——通过招徕圣人、在教义上妥协、在石头和马赛克画上一掷千金，皇帝们成功地让一般的行省人感到自己是一个单一基督教帝国中的"公民"，无论他讲什么语言、文化水准如何、神学倾向如何。这是古代晚期世界最重大的政治成就。

这是一项艰难的功业。对普通人来说，要成为"公民"就需要牵扯进一张有可能互相冲突的忠诚网络之中。这意味着：要忠于一位在理论上全能，但实际上无法实现的皇帝；要接受一个部分文化对基督教来说晦涩难解的统治阶级的统治；要对一个基督教帝国充满热情，即便帝国统治者往往是异端，偶尔还是迫害者。

在6世纪晚期，公众虔诚的新高潮使这些彼此冲突的忠诚更难控制了。

首先，地方基督教社群自6世纪中叶就已经壮大起来了。由于查士丁尼的改革，主教最终取代了市政议员：主教们重建城墙、与包税人和蛮族谈判。在6、7世纪之交的非常年月，是宗主教们为帝国守住了大城市。在罗马，大格里高利散尽教会地产以求罗马的生活能继续下去。在亚历山大里亚，"施舍者"约翰（John the Almsgiver）于610至617年做了一模一样的事：在他任宗主

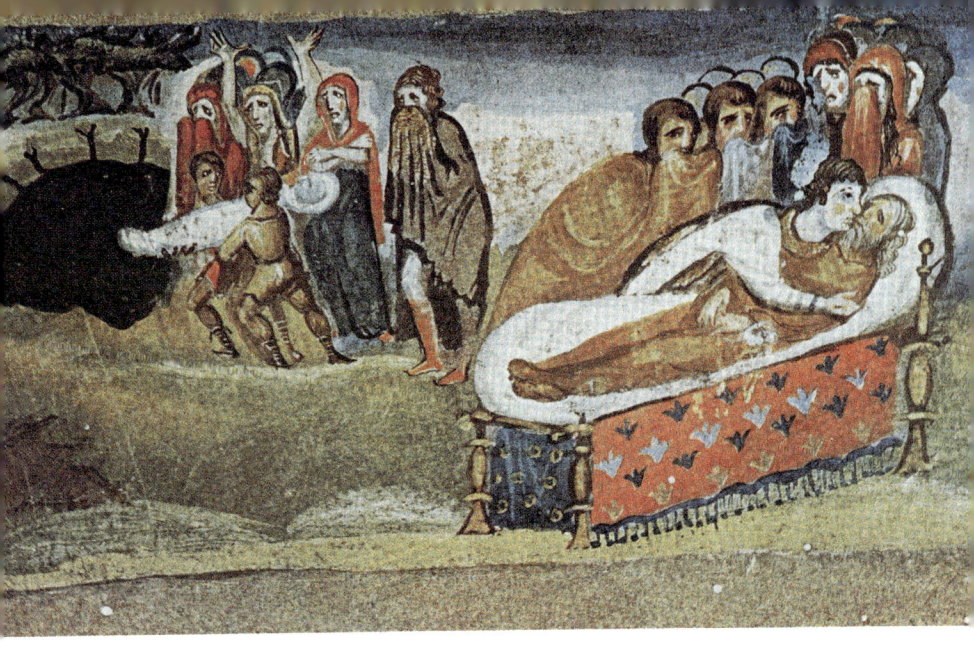

图 126 新的痛楚：雅各之死。对悲痛的尖锐表达，是拜占庭苦行主义虔敬的一大特征。6 世纪《维也纳创世记》中的小画像

教时，亚历山大里亚成了一个拜占庭的微型福利国家，宗主教的巨额收入资助了妇产医院、医疗设施和食品配给。这些人为帝国拯救了地中海世界的大城市，哪怕只是一时。但现在代表城市的已经是他们，而不是从君士坦丁堡派出的长官。在阿拉伯人治下，亚历山大里亚当地的宗主教们就像希拉克略治下的约翰一样有力地维持着该城的生活；他们的活动表明，普通的基督徒们在离家较近之处找到了领导和庇护，不论他们的统治者是谁。

这不仅是一场社会演化。新的公众虔诚标志着一种古老主题的复苏，那就是完全宗教化的文化这一理想。之前这并没有发生。东罗马政府在公共生活的多数方面都维持着一种次异教的外表；教育和公共生活的大量领域都是不加掩饰地"世俗化"的。东罗马的总督们读着古老诸神的文学长大；例如，最近在亚历山大里亚发现了一座6世纪的希腊式剧场。基督教舆论越来越无法容忍这些奇异的装饰。这种不耐烦不会维持太久。看似矛盾的是，阿拉伯军队的到来反而完成了近东城市公共生活的基督教化。以希腊经典为基础的世俗文化的最后一丝残余也消失了。基督教教士们最终将亚里士多德、柏拉图和盖伦传给了阿拉伯人；但在中世纪的近东，无论是基督徒还是穆斯林，都宁可对荷马、修昔底德和索福克勒斯一无所知。千年的文学文化就此终结。用宏大的新圣母颂词来讲：纵观近东，"能言善辩的修辞家们就像鱼一样沉默了"。

在穆斯林统治下，6世纪晚期已经成型的基督教文化新风格在近东的基督教人群中得到了强化，并保护他们直到现代。

在这种新文化中，一个人只由其宗教信仰定义。他无须效忠于一个国家，而是属于一个宗教共同体。他的文化由他的宗教领袖保存；因此，科普特语和叙利亚语都存续至现代，但只是作为"神圣"的宗教语言。这一发展在波斯主宰的美索不达米亚已有先例：在那里，犹太人和景教基督徒一直构成与众截然不同的群体，他们只通过宗教领袖对政府负责。无论是在拉比之间还是在尼西比斯的景教学者之间，都不存在一种独立的"世俗"文化：所有的学问都附属于宗教传统的阐释。而即使在拜占庭帝国，6世纪晚期的行省主教们也都在向同一个方向发展。"施舍者"约翰坐在他的宅邸前，根据上帝的律法解决亚历山大里亚城里的争执，这一形象是穆斯林的卡迪（qāḍī）的直接先驱。

阿拉伯人的到来只是割断了将近东行省人与罗马帝国联结

在一起的最后一根线而已。在阿拉伯帝国中，再没有人是古典意义上的"公民"。这是宗教共同体观念对国家这一古典观念的最终胜利。穆斯林是安拉的奴仆，而其他人则是"齐米"（dimmī）——"受保护群体"，他们完全由其宗教忠诚定义：基督徒、犹太人、琐罗亚斯德教徒。在7世纪四五十年代闪电征服期间，代表城市与穆斯林将军谈判的主教们被准予在未来一千年保有他们自查士丁尼统治以来不知不觉为自己赢得的地位。

古代世界在东地中海居民的想象中消逝了。通俗传奇也意识到了这一点。当"施舍者"约翰从亚历山大里亚出航谒见皇帝求助时，他在梦中被警告不要浪费时间："上帝总是近在手边；但皇帝则远在天边……"

الفرس الماد

第五章

新的参与者

1. 穆罕默德与伊斯兰的兴起，610—632 年

在拜占庭边境以南 800 英里，汉志（Hijaz）地区的麦加城，一个年近中年、有过一段平平无奇的商人生涯的男人，在城外陡峭的丘顶上忧郁地游荡。在 610 年，这位叫穆罕默德的人开始目睹启示。他将这些用韵文记诵下来组成了他的《古兰经》，即他的"背诵"。借着这些经历，他在身边组织起一个共同体，称为"乌玛"（'Umma），即"安拉的百姓"。在 20 年的时间内，穆罕默德及他的"乌玛"已确立了对麦加及临近的麦地那的统治，并成为阿拉伯半岛的主宰者。

穆罕默德的布道及随后阿拉伯世界的一个新兴宗教团体——伊斯兰教的兴起，是古代晚期宗教史上最后也是最剧烈的转折点。

图 127（左页图） 10 世纪墨笔画中的阿拉伯骑士

我们对 7 世纪早期汉志地区的了解恰好足够用来考察这场突然的爆炸如何与近东文化相适应。麦加与麦地那的居民远不是原始的贝都因人。城市凭借贸易迅速发展，并有定居农业助力支持。统治着这两座城的是寡头们，他们突然发觉自己成了 7 世纪近东的商贾贵族。如前所述，麦加冒险商人的商队遍布拜占庭和波斯；穆罕默德本人就曾一度远涉叙利亚。这些商人的妻子则像波斯贵妇一样使用香水，照着从中国进口的磨光铜镜。在麦地那，犹太人定居点将阿拉伯人与耶路撒冷和尼西比斯的宗教生活联系起来。南面，在更为复杂精致的也门，埃塞俄比亚内格斯（Negus）[①] 的扩张将一种亚科普特风格的基督教带到了离麦加 200 英里以内的地方。即使是克尔白天房（Ka'bah），在于大约 600 年重建时也以埃塞俄比亚教堂为模板；克尔白的装饰可能曾包括了圣母像。

但是虽然有这么多与外国的联系，麦加却置身于近东文明的大旋涡之外。这里的老人政治家们推行一套精明审慎的中立政策。这里的居民也超然于基督徒、犹太人和波斯人之外。他们充分发展的、与游牧的贝都因人共同的生活方式，仍然束缚着他们。他们对这种生活方式的自豪一如对自己语言资源的自豪：这种语言由史诗塑造，并非常适合部落环境；这种生活方式之所以受尊崇，不仅是习俗使然，也因为在那片严酷的土地上没有任何其他可行的方式。

穆罕默德切断了部落习俗的纽带，将汉志的居民们释放出来，

---

① 即埃塞俄比亚皇帝的称号。

并拉进了新月沃地。他的启示发展成了一种对贝都因生活方式的反抗。很少有一种宗教像伊斯兰教这样，如此明确地规定人应该如何管理自己的生活；也很少有一种宗教与另一种充分表达的生活规则会像伊斯兰教与阿拉伯世界部落价值观这样，发生如此直接和持续的冲突。

曾经，阿拉伯部落的理想是全心全意地外向的。一个人被严格要求履行部落义务。引导着一个人行为的是人们害怕因公共行为失当而受辱的恐惧、对赢得同胞赞美的渴望、对通过引人注目的慷慨和勇敢之举来维持祖先的高贵地位的需求、有仇必报、执着履行一系列义务。遵循这种生活方式就是"做人"。

与这种公共的理想截然不同的是，穆斯林是一个原子。穆罕默德认为，人类社会的每一条纽带都将在最后的审判中像尘埃一样消失。然后，人们将陷入可怕的孤独之中，没有部落同胞，没有庇护者，甚至没有亲人。在此生中，穆斯林不能通过维持一张对着部落同胞的外部世界的脆弱易碎的"面目"，而是要通过一种个人的、隐私的"敬畏"来掌控自己，这种"敬畏"是由对真主审判的想法推入内心的。"耻辱"不再是部落舆论对一个人造成的痛苦伤害，而是对暴露于最后审判之日的内在焦虑。即使是穆斯林对酒的禁忌，也不是为了避免醉酒，而是明智地为了消除一种传统的激励人心的东西。因为当时人们普遍认为，阿拉伯士绅在他的酒杯中可以"感觉到他的血液在说话"。借着酒，他记起祖先的事迹；他觉得自己能够过上一种古老的生活方式——奢华、光鲜而高谈雄辩（这与荷马英雄的生活方式或中世纪普罗旺斯男爵的豪爽［cortezia］并无不同）。穆斯林不能容忍这种轻松的洒脱：一个人必须受到的刺激，不是酒和对过去的温暖回忆，而是对最后审判令人胆寒的畏惧。

很容易看出穆罕默德指导思想的直接来源。不管穆斯林们如何看待基督教会，引导穆斯林举止的正是和整个新月沃地任何基督徒或犹太人别无二致的考量。穆斯林也是"畏神者"（God-fearer），也同样面对着圣书中明白无误地展现的末日审判中骇人的抉择，也同样对此日思夜想。在想到最后审判时"如父亲哀悼死去的孩子一般哭泣"的叙利亚隐士受到了人们的尊敬，因为他概括了一种近东居民无疑赞同的行为理想，即使大多数人都谨慎地避免把自己暴露在依照这一理想的行为中。穆罕默德将这一理想强加给他的所有阿拉伯追随者。就这样，他带阿拉伯人进入了7世纪近东所知的文明社会。

穆罕默德将这种基本外来的思想转化为一种原则，让充满冲突的汉志社会由此重组，这是天才之举。他被召来治疗一个"新兴"社会的不安不适（malaise）。在城市里，部落的生活方式越来越难以控制这些商业王朝的新贵们。公私行为标准正被新的财富、新的机会和新的观念撕裂。面对这种情况，穆罕默德斩断了互相矛盾的价值观的纽结。他令自己的信徒简化为真主面前孤独的原子；但这是为了将他们结合成一种新的"人民"，即"乌玛"。在乌玛组织之内，部落生活粗砺的紧张关系被宽和地中止了。在身为宗教领袖的穆罕默德领导下，和平伴着致命的结果，降临在了那些豪华的生活方式远胜过沙漠粗糙伦理的城镇之上。

正如麦地那居民所说："真主派了一位先知给我们，他将在我们之间实现和平。"穆罕默德正是作为仲裁者，凭着一群核心的忠诚战士的支持，在阿拉伯掌握大权的。622年被传统主义舆论赶出麦加的穆罕默德和他的乌玛，为宿怨甚深的麦地那各派带来了和平。当穆罕默德于630年凯旋回到麦加时，他着手将这座城市的商业势力——其基础是围绕克尔白圣所的贸易市集——转化为一个宗教帝国。他在贝都因诸部落和他新生的"超部落"乌玛之间建立联盟。在穆罕默德于632年去世时，他已将整个阿拉伯半岛变成了一个停战区：据说，伊斯兰教的到来是为了"让他们的心合而为一"。

对阿拉伯人来说，穆罕默德带来了和平；但对近东其他地区来说，他却带来了利剑。伊斯兰教中止了现在名义上都是穆斯林的贝都因诸部落之间传统的互相争斗。他们由来已久的侵略行为不得不另寻出口：内部争斗迅速转化成了乌玛与不信教者之间的常年争斗。在最后一批贝都因顽抗者被迫加入伊斯兰同盟一年后，穆斯林将军们宣布对拜占庭治下的叙利亚发动圣战。一位贝都因诗人写道："你们在此战斗并非为了对天堂的爱，而是为了对面包与椰枣的爱。"对拜占庭和波斯帝国的征服，正是其他人为阿拉伯人之间"伊斯兰和平"（pax Islamica）的成功所不得不付出的代价。

就这样，就在（如前所述）拜占庭和波斯边境上的阿拉伯诸部落不得不面对被排斥和随后的贫困化的威胁之时，穆罕默德的启示填补了阿拉伯人和蔑视他们的邻居——新月沃地的诸文明民族之间的鸿沟。伊斯兰教的伦理教义使阿拉伯穆斯林得以与"敬神的"犹太人和基督徒平起平坐。《古兰经》为不谙文字的阿拉伯部落的人们奠定了一种文学文化的基础，这种文化模仿着基督教修士的圣经和犹太拉比们的《托拉》（Torah），并将很快与二者相媲美。

更直接的是，伊斯兰共同体的建立让一代卓越的年轻人得以控制贝都因人的世界，尤其是第一代哈里发们——阿布·巴克尔（Abu Bekr，632—634年在位）和乌玛尔（Umar，634—644年在位）。在伊斯兰化不足的贝都因人劫掠队之上，这个由忠诚的"真信徒"构成的核心成了一个无与伦比的最高指挥部。早期穆斯林的激进主义拓展到了战争艺术上。穆罕默德的穆斯林支持者们将防御工事和围城战的技术带到了汉志地区。在穆罕默德死后，贝都因军队的穆斯林核心在重装骑兵的作战技术上和拜占庭人与波斯人势均力敌。他们利用了贝都因人以骆驼为基础的传统的机动性；骆驼以难以应对的速度载着一个个全副武装的士兵冲向拜占庭边境上的所有据点，正如现在的飞机载着伞兵一般。

最重要的是，穆斯林将军们是作为征服者，而不是部落劫掠者降临的。穆罕默德几乎完全通过谈判就在阿拉伯创立了一个宗教帝国，他的事业为第一代哈里发们提供了机敏的外交运作的先例。在征服的头几十年里，阿拉伯人用合约得到的，与用剑得到的几乎一样多：诸如大马士革和亚历山大里亚等重要城市落入阿拉伯人之手，是因为穆斯林的最高指挥部立刻准备好提供慷慨的条件：以军事庇护和宗教宽容换取固定的贡金。

就这样，第一批穆斯林军队抵达了拜占庭帝国诸行省，威风凛凛而又令人困惑——他们比司空见惯的贝都因人身上多出了一些东西。当耶路撒冷宗主教于638年出城会见他的征服者们时，他发现自己面对的是一小队像是骑马僧侣一般的人：穆斯林将军们告诉他，他们是以朝圣者身份来到圣地的。这成了最后一根稻草："看那可憎的满目疮痍，它处于它不该存在的地方。"在这种亚基督教的幌子下，阿拉伯人得以在阳光下觅得一席之地。正如一位阿拉伯使节告诉波斯沙阿："从前阿拉伯人是一个可悲的民族，你可以肆无忌惮地将之踩在脚下。我们沦落得要去吃狗和蜥蜴。但是，为了我等的光荣，神在我们之中兴起了一位先知……"

图128　相比于基督教，伊斯兰教更是一种属于书的宗教；而一位好的穆斯林（就像中世纪修士一样）是神圣文本虔诚的读者和抄写者。《古兰经》（"古兰"一词意为"诵读"），衍生自叙利亚修士们对圣典庄严而虔诚的诵读。一本埃及阿拉伯文《古兰经》册叶：8至9世纪羊皮纸上的库法体（Kufic）写本

2. "吾等的长枪守卫的花园"：伊斯兰治下的晚期古典世界，632—809年

阿拉伯军队的胜利在近东造就了政治真空。拜占庭人于636年在雅尔穆克（Yarmuk）战役中大败；安条克在637年陷落，亚历山大里亚在642年，而迦太基则是在698年。波斯军队的抵抗更为顽强；但在637年卡迪西亚（Qadisiyyah）之战以后，萨珊政权就崩溃了。两大传统势力都无力再夺回在这些闪电战中失去的东西了。只有拜占庭幸存下来，其首都和行政都未受损，却再也没有出现第二个希拉克略。就这样，一场不稳定的平静降临在东地中海。即使在阿拉伯统治之下，叙利亚和埃及都在整个7世纪保持着与世界其他地区的紧密联系：意大利朝圣者们自由自在地前往耶路撒冷，亚历山大里亚的纸草仍存储在教宗秘书处。但直到十字军东征，再没有一支基督教军队回到东方沿海地带。

排除所有可能的对手以后，阿拉伯人开始以非凡的精明、折中主义和基于不可动摇的自身优越感的宽容，统治一个世界帝国："阿拉伯人在所有民族中最为卓越，而穆达尔部落冠绝阿拉伯人，在这部落中雅苏尔氏族又最高贵，而贾尼家族又在雅苏尔氏族中最优秀……而在贾尼家族里，我是最好的人。因此，我是全人类中最优秀的。"

毋庸赘言，这些感受并不见于《古兰经》。但这些感受却构成了阿拉伯帝国的第一个世纪的主心骨——那是属于大马士革的倭马亚哈里发的时代。因为以部分伊斯兰化的阿拉伯部落武士贵

图 129　存续着的古代晚期。本图出自大马士革的倭马亚清真寺，该清真寺建于 706—715 年，力求胜过拜占庭在"圣地"（Holy Land）的遗迹

族制为基础的倭马亚帝国,是不加掩饰的阿拉伯霸权。阿拉伯贵族的贝都因式生活方式虽然遭到穆罕默德的严厉谴责,但它却拯救了伊斯兰教。正是贝都因部落的酋长们,凭借他们粗暴的追随者们造就了阿拉伯战争机器;正是这种武士贵族的生活方式,而非核心的虔诚穆斯林的受到保护的虔敬,维持了帝国的统一。

首先,贝都因式生活方式使阿拉伯征服者们不致在被征服的大量人群中失去自己的身份认同。顽固不化、极度自信而又非常能言善辩的贝都因人,他们活得"像个人"的生活方式,在轻度伊斯兰化之后,吸收并重塑了早期中世纪近东的受教育阶层。阿拉伯征服者们的生活方式,尤其是阿拉伯人从沙漠中带出的完全成型的复杂诗歌文学,被证明是有感染力的。甚至非穆斯林也迅速吸收着阿拉伯文化。例如,西班牙南部的基督徒被称为"摩斯阿拉伯人"(Mozarabic)[①],因为他们虽是基督徒,却"希望成为阿拉伯人"。一位9世纪科尔多瓦(Córdoba)主教写道:"我的诸多同教教友阅读阿拉伯人的诗句和神话,并研究穆罕默德哲学家和神学家的著作,不是为了驳倒他们,而是为了学习用阿拉伯语更准确、更优雅地表达自己。"

在阿拉伯帝国的第一个世纪,阿拉伯人是从沙漠边缘统治的。他们将地中海的政治版图内外翻面了。大马士革曾是东罗马防线面向沙漠的监视要塞,此时却成了警戒着东罗马人的阿拉伯哈里发的首都。戴克里先的沙漠要塞成了阿拉伯君主们的狩猎小屋;这些别墅曾拱卫着安条克的庄园,而往昔平静的安条克城,则成

---

① 来自阿拉伯文 musta'rab,意为"接纳阿拉伯文化者"。

了武装营地，每年阿拉伯军队都从这里出发，在小亚细亚海岸和山谷扫荡。

对阿拉伯霸权来说，被前进的军队留在后方的族群甚至不是严格意义上被征服的领域。因为他们几乎没被占领。这些人被视为阿拉伯人的富有邻居，他们要向乌玛（穆斯林们）支付保护费以换取军事防卫，并作为不信奉伊斯兰教的一种长期罚款。因此，7世纪的阿拉伯人几乎完全执行自由放任主义。为了给穆斯林们提供资金补助，他们促使叙利亚、埃及和波斯的征税机器平稳运作。凭借这种方式维持着无比豪富的阿拉伯统治阶层，在驻军大城的封闭环境中，比如库法（Kufa）、与波斯治下的美索不达米亚相对的沙漠的边缘的巴士拉（Basra）还有埃及的福斯塔特（al-Fostat），按照贝都因人的行为规范为了争权夺利而酣战。对他们来说，被征服的省份就是"吾等长枪守卫的花园"。

这是对7、8世纪近东的准确描述。古代晚期世界的发展形成的人群发现他们的生活仍在真空之中继续，如果有什么变化的话，就是更加舒适且自信。从埃及到君士坦丁堡的谷物税取消了。一个贸易与手工业的大型共同市场已经形成：科普特人和波斯人史无前例地一同劳作来建造像穆沙塔冬宫（M'shatta）①这样宏伟的建筑。在霍斯劳二世的溃败之后，美索不达米亚终于再次拥有了强有力的政府，灌溉工程也得到了修复，尤其是在前学校教师、中世纪史上最伟大的行政官员哈查吉（al-Hajjaj）任总督时（692—714年）。当阿拉伯军队的风暴席卷地平线之时，近东

---

① 这个词意为冬宫，坐落于今约旦首都安曼以南30千米的沙漠地带。

人得以坐享阳光。

当阿拉伯舰队围堵君士坦丁堡之时，在耶路撒冷的岩石穹顶寺（Dome of the Rock）和大马士革的大清真寺那里，当地石匠和马赛克匠人正在营造的建筑与查士丁尼一世在这个行省大兴土木时一样宏伟。在阿姆拉堡（Qusair 'Amra），8世纪早期叙利亚画师用来装点一幢阿拉伯士绅豪宅的壁画，是希腊化的优美开出的纯粹而未受打扰的最后花朵。远离了地中海北岸令人忧心的世界，叙利亚修士们安静地阅读着柏拉图和亚里士多德，而拜占庭教会的最后一位教父大马士革的约翰（John Damascene），在哈里发宫廷的庇护下总括了过往几个世纪的正教传统——在这个宫廷里，他担任着他的曾祖父在希拉克略治下曾担任过的财政官职。

到了800年，古代晚期形成的传统已经在地中海各国发展出了巨大的分歧。从阿拉伯征服的危机走出的拜占庭，发现其古典遗产已经萎缩到了君士坦丁堡城墙之内。罗马帝国的理念在城市大街上和帝国游行的威严仪式上仍非常鲜活；一个教士和廷臣的小圈子则在君士坦丁堡保持着文化的高标准，而在晚期罗马帝国，任何可观的希腊城市的居民都能接触到这种文化。在罗马，古老的荣耀仍然以一种衰减的、教权化的形式萦绕着。在遥远北方的查理曼宫廷中，有一个世界化的教士们形成的圈子。虽然他们中许多人都来自那些从未被罗马统治过的地方——一些是爱尔兰人，另一些是受爱尔兰教育的英格兰北方人，但他们却对奥索尼乌斯和西多尼乌斯·阿波里纳利斯（Sidonius Apollinaris）时代的宫廷文士进行了相当可观的模仿。

因此，在拜占庭和西方，文明的基础要么变得贫瘠了，要么不得不由一小群精英在一个陌生环境中艰难复苏。相比之下，纵贯阿拉伯帝国，这些古代晚期的形式则延续着蓬勃的生命力。在8、9世纪的近东，这种丰富的生活迫使自己向上发展以吸引阿拉伯统治阶层的注意。但这时，地中海沿岸的希腊罗马传统必须与美索不达米亚东部以及伊朗高原广袤土地（阿拉伯人称其延展到东方的土地为"呼罗珊"[Khurasan]）上的萨珊帝国传统相竞争了。

阿拉伯贵族无法无止境地维持他们对政府的控制，因为伊斯兰教本身就在破坏阿拉伯至上主义的基础。伊斯兰教使所有的归信者无论种族出身一律平等。它向有天赋或有野心的非阿拉伯人开放了闸门。叙利亚人和波斯人以穆斯林的身份成了伊斯兰文明的柱石：他们成了行政官员、律师、神学家，甚至在一个世纪内还成了阿拉伯语诗歌的教师。中世纪伊斯兰教很大程度上是非阿拉伯的穆斯林创造的。

因此，8、9世纪的阿拉伯帝国不得不面对与3世纪的罗马帝国相似的问题：很大程度上出于强势政府的利益考虑，骄傲的传统寡头突然被削弱了。正如4世纪罗马行省人遍及各处而充满活力的爱国主义淹没了传统希腊罗马贵族狭隘的安定观念一样，8世纪非阿拉伯的穆斯林也来拯救阿拉伯帝国了。结果，统治阶级的文化拓宽了范围：一如4、5世纪出现的通往权力的新渠道促成并传播了拉丁、希腊文化，掌握阿拉伯语以及阿拉伯生活方式，也为近东行省人开辟了通向宫廷的大道，而且规模要大得多。正如在古代晚期叙利亚人、埃及人和卡帕多奇亚人因阅读荷马史诗，而把脱胎于迈锡尼酋长们异域冒险故事的行为原则代入自己的生活一样，从科尔多瓦到撒马尔罕的出身迥异、有着坚定城市品味的受教育人士，也讲起了古典阿拉伯语并宣称自己的行事方式是真正的帐篷之子。但在4、5世纪的罗马帝国，统治阶层的传统文化仍占主导地位，仍是施予者，落后行省自豪地从中获益；而在8世纪的阿拉伯帝国，历经千年的文明在经历贝都因人统治导致的中断以后，借着非阿拉伯穆斯林的掌权而又一次找到自己的声音。

因此，欧洲和近东历史的真正转折点，并不是第一次阿拉伯征服的时代，而是7世纪晚期和8世纪早期。这种转变首先发生在阿拉伯与拜占庭的长期对峙中。在7世纪的最后几十年，基督教和穆斯林世界的边界显然愈发坚实了。在680—681年于君士坦丁堡举行的第六次普世大公会议不再把安条克、耶路撒冷和亚历山大里亚的宗主教管区视为拜占庭基督教世界的一部分。在695年，第一批完全阿拉伯式的钱币铸成了。在699年，大马士革的书记处用阿拉伯语取代了希腊语。在706年至714年期间，大马士革的大清真寺建成，以盖过叙利亚和巴勒斯坦的帝国教堂诱人的辉煌。东地中海开始呈现出伊斯兰的面貌。

大马士革的哈里发们把自己的权威赌在与拜占庭人——鲁迷人（Rūm）的对抗上。但君士坦丁堡一直坚守着：677年和717年的两次大规模海上远征都在城墙之下被击退了。毫无疑问的是，那时拜占庭拯救了欧洲：但在击退叙利亚的穆斯林的同时，拜占庭皇帝们却在无意间永远地失去了近东。

因为在地中海赌输了的倭马亚哈里发在大马士革已经不再能

图 130 东方的大胜。古典晚期的头脑已经沉浸在直接衍生自波斯样式的繁复装饰中了。扼制住古代晚期表现艺术形式的,并不是穆斯林一方任何独特的反感,而是波斯品味与艺术传统的这场复兴。希沙姆宫(Khirbat al-Mafjar)的天顶玫瑰花饰

控制美索不达米亚和波斯本土（呼罗珊）心怀不满的穆斯林了。倭马亚王朝的统治被伊斯兰化波斯人支持的王朝——阿拔斯王朝取代了。暴动于750年从伊朗发动，其结果在762年尘埃落定，那就是巴格达城的建立。这也是阿拉伯至上主义的终结。正如一位穆斯林在下一个世纪所写："倭马亚王朝是一个阿拉伯帝国；阿拔斯王朝则是一个波斯帝国。"

就这样，霍斯劳一世的传统最终胜过了查士丁尼一世的。大马士革的哈里发们赖以建立阿拉伯帝国的土壤并不如他们想象的那般肥沃。他们没有考虑到，自查士丁尼时代以降，埃及和叙利亚的基督教共同体的感受愈来愈坚实。叙利亚人和科普特人已经习惯于在并无同情心的政府面前保持自己的身份认同。他们虽身为倭马亚王朝的臣民，却对该王朝十分疏远。倭马亚王朝的伊斯兰政府，受到东地中海沿岸厚重而不可吸收的传统的钳制。

但在东方，阿拉伯的统治却一直更为稳固。驻军城市库法和巴士拉是新的基地，它们没有在异国的过往面前相形见绌。而在美索不达米亚与波斯，穆斯林统治阶级能够吸引大量颇有热情的新成员。因为阿拉伯人已经完全吞并了萨珊帝国。与地中海城市的基督徒们还可以指望拜占庭不同，波斯人已经没有可以指望的现存国家了。在伊朗高原的部分地区，琐罗亚斯德教仍继续存在。例如，9世纪琐罗亚斯德教活跃的论战催生了困扰着中世纪和文艺复兴时期基督教世界的刻薄的传奇故事：关于摩西、基督与穆罕默德三大冒名顶替者的传奇（这是对我们这个时代最占据地中海人思想的三支势力的一份来自遥远波斯的讽刺性评论！）。但晚期萨珊帝国的整体趋势都是将宗教与社会等同起来：这二者是"孪生兄弟"。因此，波斯人从来不像地中海沿岸的基督徒们那样，凭着一种强烈的宗教身份认同感而与倭马亚王朝保持一定距离。霍斯劳一世曾教导波斯的绅士廷臣德赫干们，要在美索不达米亚指望一个强有力的统治者。在阿拉伯统治之下，德赫干们很快就让自己变得不可或缺。他们开始不动声色地冲击阿拉伯帝国的统治阶层。到 8 世纪中叶，他们已经成为新的伊斯兰国家的中流砥柱——这又成了他们的帝国；而现在，他们用着地道的阿拉伯语，对那些胆敢把沙漠的生活方式置于霍斯劳王权的有序威严之上的桀骜不驯的贝都因人大加嘲讽。

就这样，在巴格达建城后的一个世纪，尤其是在"正直者"哈伦（788—809 年在位）及其继承者们统治之下，一个从未与其古代晚期的根基断开联系的世界，在其最后一次穆斯林和阿拉伯语的转化中，达到了它最终的全盛期。

巴格达离泰西封空荡荡的大殿只有 35 千米。通过萨珊式的宫廷仪式，哈里发被抬到了阿拉伯军士们头上。他的官僚们则努力恢复着霍斯劳二世时代神话般的豪富。他们的文化风格也同样是在复兴最初形成于霍斯劳一世周围的宫廷气质：9 世纪的阿拉伯绅士仍要去了解"阿尔达希尔（Ardashir，萨珊帝国的创建者）给他的哪个封臣授予了王的称号"之类的问题。

阿拉伯人与希腊哲学的第一次，也是决定性的接触，是经由 6 世纪首先凿通的渠道完成的。"正直者"哈伦的廷臣们获得柏拉图、亚里士多德和盖伦的译文并不是通过与拜占庭的直接接触，而是通过讲叙利亚语的美索不达米亚教士们延续已久的希腊文化传统，就像他们曾经满足霍斯劳一世的好奇心一样。

美索不达米亚重新取得了自亚历山大大帝时代以来一直丧失的中心地位。巴格达及其圆形城墙与罗马帝国的大城市没什么关联，而是亚述与中亚圆形城市的具象体现。随着大商队绕开了地中海城市，转而用骆驼在从撒哈拉到戈壁沙漠的沙之海洋内经营贸易，这些城市衰落了。在北非和叙利亚，那些曾经向罗马和君士坦丁堡运输粮油的乡村已经消失在了沙中。曾是文明世界核心的地中海沿岸的重要性不知不觉地衰弱了，成了一个欧亚大帝国麻木的末梢。

因为新的商贸机会在波斯人手上。而在波斯人手中，就像在萨珊早期一样，远东永恒的诱惑力又一次占了上风。在洛阳和广州的市场旁边，就能看到清真寺和拜火教神庙。751年，来自中亚的中国战俘将造纸术带到了巴格达。航海家辛巴达（Sinbad the Sailor）不会觉得地中海值得他麻烦一场：因为阿拔斯帝国的财富和兴趣都倾注在东方，他们沿底格里斯河与幼发拉底河顺流而下，通向从巴士拉直达广州的海上航线。

伊斯兰帝国内部庞大的波斯群体被拽向东方，这使欧洲得救了。使阿拉伯的战争机器停下的，并不是717年拜占庭海军在君士坦丁堡之外使用的希腊火，也不是732年铁锤查理（Charles Martel，又译作"查理·马特"）在图尔指挥的法兰克骑兵，而是巴格达城的建立。随着阿拔斯哈里发国的建立，一套关于组织严密、花费昂贵的帝国行政管理的迟缓的理念取代了贝都因军队恐怖的机动力。在新的平民世界中，士兵显得格格不入，就像他们在4世纪西方那些迂腐的贵族中间一般。曾使得早期阿拉伯人首次影响外部世界的圣战中的榨取关系,让位给了一套以波斯旧制度礼仪为模板的精细的外交。在哈里发的宫廷,世界看上去像钟表一样围绕着巴格达运转,如同在万王之王梦幻般的仪式中一样。就在查理曼丁800年加冕为西方世界的罗马皇帝之前,他从"正直者"哈伦那里得到了一件大披风以及一头名叫阿布·阿拔斯(Abul Abaz)[①]的宠物大象。尽管法兰克国王对此并不明白,但通过这份礼物,哈里发只是在重复霍斯劳一世的由来已久的姿态:在春分大节庆上,万王之王会向他卑微的奴仆们大加赏赐动物和旧衣服。

在西方想象中,伊斯兰帝国是东方大国的典范。伊斯兰教的这一重要定位,既非出自穆罕默德,也与7世纪适应性颇强的征服者们无关,而是要归因于8、9世纪的东方,波斯传统的大规模复兴。

东西方之间的分界线,曾在整个古代晚期因拜占庭与波斯在新月沃地的对立而模糊,但最终仍停留在了地中海沿岸。穆斯林世界对海的另一边他们贫穷的基督教邻居背过身去。那里的有教养者从沙漠中取得了语言,从美索不达米亚东部汲取了文化风格。在这场文化平衡的巨大转变造就的更稳定的世界中,西欧得以创造出属于自己的身份认同。新月沃地一端通往一个以海洋为基础的帝国,另一端则通向伊朗高原,而欧洲文化很大程度上要归功于新月沃地各族群间富有成果的交流。而意识到这点的古代晚期研究者,可以估计出在整个中世纪期间地中海上宽广的鸿沟带来的代价。

---

① 或转写为Abul Abbas,意为"阿拔斯之父",是调侃语。

参考书目

这份重订参考书目的读者们需要注意,本书在 1970 年左右写成时,并不是一部"定论式的"教材,而毋须讳言是一次试论(essay)。我希望让一般读者感受到一段曾被忽视的时代的丰富与刺激,这段时代现在被称为"古代晚期"。作为一部试论,这本书也自不必提地有其局限:文本以及参考书目都只处理一些特定的主题,对另一些则无涉。它热情饱满地反映了晚期古代研究在欧洲,尤其在英格兰的发展过程中一个特定的时刻。它专注于这一时期的文化与宗教史,以及那些在写作时的我看来,能为这一时代显著的骚动提供背景的社会变化。本书引导读者的注意力跳出那些直到写作时都占据了罗马帝国衰亡大部分叙事中心的地区——尤其是离开西欧和西方蛮族世界;而更偏重于环顾地中海东岸与中东地区。

在我自己身上和整个知识界中发生的变化并不易总结,但使用这份参考文献的读者必须对此留意。有一点可以肯定:我加入的书大多数都是成真了的梦想。在 1970 年时我们真的很需要这些作品。它们是古代晚期研究领域在过去 20 年大扩张的令人振奋的证明。当然,有许多反驳了我。有一些作品导致我在随后作品中修订了自己在本书中成文的观点。另一些则涵盖了我忽视或者浅尝辄止的领域。但更多的作品为我打开了晚期古代的诸多领域,而 17 年前我几乎不知道它们的存在。它们使我比预期更明确地意识到,一套帝国体系对地中海的社会甚至道德生活产生的无声但无法消解的影响;以及因此,这套体系在西方消失以及其在东方于阿拉伯征服之时最终衰落的后果。它们最近将我引入比我当时所知的更为隐秘的文化与宗教领域。我们现在可以看到一个比我当时想过的远为复杂的古代晚期社会世界，这多亏了那些让贫困者、绝望者、不和解者、女性以及在西方定居的蛮族得以发生的研究，这些人生活在本书叙述的那些辉煌又自信的创造力的边缘。

期待加入这份参考文献的书目能够"更新"一份明显带有写作当时学术资源与兴趣的特别风味的试论，是不现实的，甚至有些自命不凡。我在增补时并不十分系统，这部分是因为担心我可能破坏论文的平衡，一如原版参考文献的形态表现的那样。但我尽可能地试图引述关于任何主题的最新书目（英文优先），并期待读者能利用这份参考书目，填补上本版与第一版《古代晚期的世界》之间的差异。这些书目不仅订正、补充了本书，并且带来了福音：现在，它们鼓励着其他学者在接近 20 年后再一次接受这一永远迷人的时代的挑战，而此时，他们已经比我当时知道的多得多了。

（普林斯顿，1988）

出于我已给出的原因，本书不会仅是一本罗马帝国衰亡的历史。罗马帝国的衰亡这一问题已经造就了诸多关于罗马政府经济与政治弱点的尖锐分析：参阅近期的 F. W. Walbank, *The Awful Revolution* (Liverpool 1969)，以及 S. Mazzarino, *The End of the Ancient World* (London 1966) 对各种学术观点的概述，现在还有 *Edward Gibbon and the Decline and Fall of the Roman Empire*, ed. G. W. Bowersock *et al.* (Cambridge, Mass. 1977)。本书也不是行政与社会结构的概述：对此问题的奠基性作品是 A. H. M. Jones, *The Later Roman Empire*, 3 vols (Oxford 1964)——以下简记为 Jones, *LRE*。关于晚期罗马社会的弱点及其转型，我们现在可从这些作品中学到很多：G. E. M. de Ste Croix, *The Class Struggle in the Ancient Greek World* (London 1981); B. D. Shaw, 'Bandits in the Roman Empire', *Past and Present* 105 (1984) 和 C. Wickham, 'The Other Transition: From the Ancient World to Feudalism', *Past and Present* 103 (1984)。我直接关心的是罗马世界中各群体间的变幻的关系以及他们间分道扬镳的文化传统之间的相互作用——对这一主题很有价值的作品有 R. MacMullen, *Soldier and Civilian in the Later Roman Empire* (Cambridge, Mass. 1963) 与

Enemies of the Roman Order (Oxford 1967)。Judith Herrin, *The Formation of Christendom* (Princeton 1987) 最近审视了本书第二部分所涉的时期，并将故事续写到早期中世纪：这是一部杰出的综论。我已花过大篇幅试图证实在这本概述中的诸多解读，这些论文现在收入了 *Religion and Society in the Age of Saint Augustine* (London 1971)。

第一章

第 1 节：M. Rostovtzeff, *The Social and Economic History of the Roman Empire*, 2 vols, (2nd ed. Oxford 1957) 是基础，并兼 P. Garnsey and R. Saller, *The Roman Empire* (London 1987), P. Garnsey, *Famine and Food Supply in the Graeco-Roman World* (Cambridge 1988), P. Veyne, *Le Pain et le cirque* (Paris 1976) 和 F. Millar et al., *The Roman Empire and its Neighbours* (London 1967)。G. Bowersock, *Greek Sophists in the Roman Empire* (Oxford 1969), F. Millar, *A Study of Cassius Dio* (Oxford 1964) 和 S. R. F. Price, *Rituals and Power: the Roman Imperial Cult in Asia Minor* (Cambridge 1984) 都是出色的研究。

第 2 节：3 世纪的变化不再能（像前引的 Rostovtzeff 作品那样）被视作古代文明的终结：这些变化深刻影响的限度，已经由 R. Rémondon, *La crise de l'empire romain* (Paris 1964), Millar, *The Roman Empire*, R. MacMullen, *Roman Government's Response to Crisis* (New Haven, Conn. 1976) 以及 K. Harl, *Civic Coins and Civic Politics in the Roman East* (Berkeley 1987) 严格界定下来了，另参 C. Roueché, 'Rome, Asia and Aphrodisias in the Third Century', *Journal of Roman Studies* 71 (1981) 和 S. Williams, *Diocletian* (London 1985)。K. Hopkins, 'Taxes and Trade in the Roman Empire', *Journal of Roman Studies* 70 (1980) 准确估量了税收和行政的影响变化。

关于一个新生统治阶级的形成及其对宗教与文化的间接影响，参阅 A. H. M. Jones, 'The Social Background of the Struggle between Paganism and Christianity', *The Conflict between Paganism and Christianity*, ed. Momigliano (Oxford 1963)。关于晚期罗马的上层文化，参阅 H. I. Marrou, *History of Education in the Ancient World* (London 1956) 和 *Saint Augustin et la fin de la culture antique* (4th ed. Paris 1958)。A. C. Dionisotti, 'From Ausonius' Schooldays?', *Journal of Roman Studies* 72 (1982), 一篇新材料，以及 R. A. Kaster, *Guardians of Language: The Grammarian and Society in Late Antiquity* (Berkeley 1988)。学者从政：A. Cameron, 'Wandering Poets: a literary movement in Byzantine Egypt', *Historia* XIV (1965)。

第 3 节：A. Piganiol, *L'Empire chrétien*, Histoire romaine iv, 2 (Paris 1947) 是对 4 世纪最好的概述。关于政治与社会生活的新"风格"：S. Mazzarino, *Aspetti sociali del quarto secolo* (Rome 1951)，L. Harmand, *Le Patronat* (Paris 1957)，以及极富细节的 G. De Ste-Croix, 'Suffragium: from Vote to Patronage', *British Journal of Sociology* 5 (1954)。另参 P. Veyne, 'Clientèle et corruption au service de l'état', *Annales* 36 (1981)；*Società romana e impero tardoantico* I, ed. A. Giardina (Bari 1986) 收录了诸多现在最佳的意大利文论文，尤其是 J. M. Carrié 论晚期罗马军队一文；C. R. Whittaker, 'Late Roman Trade and Traders', in *Trade in the Ancient Economy*, ed. P. Garnsey *et al.* (Berkeley 1983) 对于作为整体的晚期罗马社会很重要。关于公共举止与仪式更为戏剧化的风格，参阅 R. MacMullen, 'Some Pictures in Ammianus Marcellinus', *Art Bulletin* 46 (1964)，S. G. MacCormack, *Art and Ceremony in Late Antiquity* (Berkeley 1981) 和 M. McCormick, *Eternal Victory* (Cambridge 1986)。地方贵族：K. Stroheker, *Der senatorische Adel im spätantiken Gallien* (Tübingen 1948)，A. Chastagnol, *La préfecture urbaine à Rome sous le Bas-Empire* (Paris 1960)，J. F. Matthews, *Western Aristocracies and Imperial Court* (Oxford 1975) 和 J. W. H. G. Liebeschuetz, 'Synesius and Municipal Politics', *Byzantion* 55 (1985)。城市与豪宅：R. Meiggs, *Roman Ostia* (Oxford 1960)，D. Levi, *Antioch Mosaic Pavements* (Princeton 1947) 和 K. M. D. Dunbabin, *The Mosaics of Roman North Africa* (Oxford 1978)；在西西里发现了更多更宏伟的马赛克画，R. J. A. Wiison, *Piazza Armerina* (London 1982); L. Schneider, *Die Domäne als Weltbild* (Wiesbaden 1983)。东方与西方的经济对比：Jones, *LRE* II, 1064–68；关于东方城市生活的持久性，阅 P. Petit, *Libanius et la vie municipale à Antioche* (Paris 1955)，D. Claude, *Die byzantinische Stadt im VI. Jht.* (Munich 1969) 与 J. W. H.

G. Liebeschuetz, *Antioch* (Oxford 1972), C. Foss, *Byzantine and Turkish Sardis* (Cambridge, Mass. 1976) 与 *Ephesus after Antiquity* (Cambridge 1979) 以及 K. Erim, *Aphrodisias* (New York 1986); 关于阿非利加, C. Lepelley, *Les cités de l'Afrique romaine au Bas Empire* (Paris 1979) 是奠基作品; 对于意大利则参见 B. Ward-Perkins, *From Classical Antiquity to the Middle Ages* (Oxford 1984)。F. Dvornik, *Early Christian and Byzantine Political Philosophy* (Washington 1966) 强调了在东方, 皇帝独裁的深层根源。

第二章

第 1 节: A.-J. Festugière, *La Révélation d'Hermès Trismégiste* 4 vols (Paris 1944–54) 与 E. R. Dodds, *Pagan and Christian in an Age of Anxiety* (Cambridge 1965) 极佳地描绘了宗教感受变化的特征; G. Fowden, *The Egyptian Hermes: a historical approach to the late pagan mind* (Cambridge 1986) 是一部杰作。即便有一些随意的猜测, 如 *Le Origini dello Gnosticismo*, Studies in the History of Religions 12 (Leiden 1967), 我们对这些变化的社会背景仍知之甚少——见 P. Brown, 'Approaches to the Religious Crisis of the Third Century A. D.', *English Historical Review* 83 (1968), 但现在我们可以看 E. Pagels, *The Gnostic Gospels* (London 1979) 与 M. A. Williams, *The Immovable Race* (Leiden 1985)。P. Brown, *The Making of Late Antiquity* (Cambridge, Mass. 1978) 给出了一种阐释, 而 R. Lane Fox, *Pagans and Christians* (New York 1987) 则终于给出了一份精彩且可靠的综述; 另参 J. Z. Smith, 'Towards Interpreting Demonic Powers in Hellenistic and Roman Antiquity', *Aufstieg und Niedergang der römischen Welt*, ed. H. Temporini *et al.* ser. 2. XVI: 1 (Berlin 1978), 以及在这套多卷本综述中的诸多其他论文。

第 2 节: A. D. Nock, *Conversion* (Oxford 1933) 描述了罗马帝国内新崇拜的扩散与社会意义。但关于基督教社会背景的研究仍显缺乏。现在亦可参阅 Lane Fox, *Pagans and Christians*, 以及 R. MacMullen, *Paganism in the Roman Empire* (New Haven, Conn. 1981)。A. Harnack, *The Mission and Expansion of Christianity in the First Three Centuries* (London 1904/5, revised 1908) 分

析了史料，其材料大量来自优西比乌，*The History of the Church* (Penguin Classics: London 1965)。《新约》近年不出意料地受到诸多关注，尤其是 W. Meeks, *The First Urban Christians* (New Haven, Conn. 1983) 和 G. Theissen, *The Social Setting of Pauline Christianity* (Philadelphia 1982)；对来自 2—3 世纪的那些更可靠的文献投入的精力相对较少，不过现在可读 R. M. Grant, *Early Christianity and Society* (New York 1977), C. H. Roberts, *Manuscript, Society and Belief in Early Christian Egypt* 和 G. Schöllgen, *Ecclesia sordida?* (Münster in Westfalen 1984)。G. W. Clarke, *The Letters of Saint Cyprian*, Ancient Christian Writers 43, 44, 46 (New York 1984–1986) 终于为我们量度了一位主教及其世界的尺度。P. Brown, 'Late Antiquity', *A History of Private Life*, ed. P. Veyne (Cambridge, Mass. 1987) 试图简要综述；另见 R. MacMullen, *Christianizing the Roman Empire* (New Haven, Conn. 1984)。W. H. C. Frend, *Martyrdom and Persecution in the Early Church* (Oxford 1965) 虽显偏狭但也激发了思考。我们对异教社会反对基督教会的了解远远更多（反之亦然！）：异教的批判参阅 Origen, *Contra Celsum*, transl. H. Chadwick（2nd ed. Cambridge 1967），以及 G. de Ste-Croix, 'Why were the Early Christians persecuted?', *Past and Present* 26 (1963); A. D. Momigliano, *On Pagans, Jews, and Christians* (Middletown, Conn. 1987) 收录了诸多充满学问与智慧的论文。

第 3 节：F. Millar, 'Dexippus', *Journal of Roman Studies* 59 (1969) 勾勒了希腊贵族与知识阶层的韧性，正是这点构成了新柏拉图主义复兴的背景。现在至关重要的是 G. Fowden, 'The pagan holy man in late antique society', *Journal of Hellenic Studies* 102 (1982); 另参 H. D. Daffrey, 'Quelques aspects de la piété populaire dans l'Antiquité tardive', *Revue des études augustiniennes* 31 (1985)。关于普罗提诺，最可靠的指南是 E. R. Dodds, 'Tradition and Personal Achievement in the Philosophy of Plotinus', *Journal of Roman Studies* 50 (1960) 与 P. Hadot, *Plotin* (Paris 1963), *Porphyre: La Vie de Plotin*, ed. L. Brisson *et al.* (Paris 1982) 中收录了一些重要研究。关于晚期的柏拉图主义者们，参阅 *The Cambridge History of Later Greek and Early Medieval Philosophy*, ed. A. Armstrong (Cambridge 1967), R. T. Wallis, *Neoplatonism* (London 1972),

尤其是 G. Shaw, 'Theurgy', *Traditio* 41 (1985)——关于异教礼仪中的一个重要角度；关于寓意，R. Lamberton, *Homer the Theologian* (Berkeley 1986)。关于西方的新柏拉图主义，P. Brown, *Augustine of Hippo* (London 1967), P. Hadot, *Marius Victorinus* (Paris 1971), G. Madec, *Saint Ambroise et la philosophie* (Paris 1974) 以及万里挑一的 R. J. O'Connell, *Saint Augustine's Platonism* (Villanova 1981) 和 G. O'Daly, *Augustine's Philosophy of Mind* (London 1987)；新柏拉图主义在亚历山大里亚，J. Marrou, 'Synesius of Cyrene', *The Conflict between Paganism and Christianity*；在雅典，A. Cameron, 'The Last Days of the Academy at Athens', *Proceedings of the Cambridge Philological Society* 104 (1969)。I. Hadot, *Le problème du néoplatonisme alexandrine* (Paris 1978) 和 J. Bergman, *Synesius of Cyrene* (Berkeley 1982)；Alan Cameron, *Barbarians and Politics at the Court of Arcadius* (Berkeley 1993) 重审了关于叙内修的诸多公认观点；关于哈兰的异教徒，现在可以参阅 M. Tardieu, 'Sabiens Coraniques et "Sabiens" de Harran', *Journal asiatique* 274 (1986)。关于古代晚期异教对中世纪世界观的普遍影响，参阅 C. S. Lewis, *The Discarded Image* (Cambridge 1964)。

第 4 节：关于君士坦丁：A. H. M. Jones, *Constantine and the Conversion of Europe* (London 1948)；现有既独创又关键的作品 T. D. Barnes, *Constantine and Eusebius* (Cambridge, Mass. 1981)。但相比君士坦丁的宗教治国手腕受到的极大关注，我们对这一时代的知识氛围所知还相对较少：参阅 J. Geffcken, *Der Ausgang des griechisch-römischen Heidentums* (Heidelberg 1920) 及 S. G. MacCormack transl. *The Last Days of Greco-Roman Paganism* (Amsterdam 1978) 并更新了脚注，以及 A. Piganiol, *L'empereur Constantin* (Paris 1932)。关于君士坦提乌斯二世治下独裁制的发展，参阅 G. Dargon, 'L' Empire romain d' Orient au IV siècle et les traditions politiques de l'hellénisme', *Travaux et mémoires* 3 (1968)。关于阿里乌斯派可能的结果，参见 R. C. Gregg & D.E. Groh, *Early Arianism* (Philadelphia 1981)；T. D. Barnes 承诺过将要写一部关于阿塔纳修生平的大作〔T. D. Barnes, *Athanasius and Constantius: Theology and Politics in the Constantinian Empire* (Cambridge, Mass. 2001)〕。关于尤

利安, 见 J. Bidez, *Vie de l'empereur Julien* (Paris, reprint 1965) 以及尤利安《作品集》(transl. Wright, Loeb Classical Library, 1953-54), 现在又有 G. W. Bowersock, *Julian the Apostate* (Cambridge, Mass. 1978) 和 E. Pack, *Städte und Steuern in der Politik Julians* (Brussels 1986)。M. W. Gleason, 'Festive Satire: Julian's *Misopogon*', *Journal of Roman Studies* 76 (1986) 重新阐释了一场关键冲突。基督教与古典文化: N. H. Baynes, 'Hellenistic Civilisation and East Rome', *Byzantine Studies and Other Essays* (London 1955) 与 M. L. W. Laistner, *Christianity and Pagan Culture in the Later Roman Empire* (Cornell 1951); 另见 N. G. Wilson, *St. Basil on the Value of Greek Letters* (London 1975) 和 A. D. Momigliano, 'The Life of Saint Macrina by Gregory of Nyssa', in *On Pagans, Jews, and Christians* 以了解卡帕多奇亚教父们的古典主义。以及地方文化, P. Brown, 'Christianity and Local Culture in Late Roman North Africa', *Journal of Roman Studies* 58 (1968)。

第 5 节: D. Chitty, *The Desert a City* (Oxford 1966) 既人性化又可靠。另见 P. Rousseau, *Pachomius* (Berkeley 1985), P. Brown, *The Body and Society: Men, Women and Sexual Renunciation in Early Christianity* (New York 1988) 以及 A. Rousselle, *Porneia: de la maîtrise du corps à la privation sensorielle* (Paris 1983, tr. Oxford 1988)。A. Vööbus, *A History of Asceticism in the Syrian Orient*, II (Leuven 1960) 是叙利亚折衷主义的上佳描绘。*Holy Women of the Syrian Orient*, transl. S. P. Brock & S. Ashbrook Harvey (Berkeley 1987) 以及 *A History of the Monks of Syria: Theodoret of Cyrrhus*, transl. R. M. Price (Kalamazoo 1985) 都有一份出众的导言。拜占庭社会中圣人的角色, 通过 E. Dawes & N. H. Baynes, *Three Byzantine Saints* (Oxford 1948) 与 A.-J. Festugière, *Les Moines d'Orient*, 4vols (Paris 1961-65) 提供的翻译中得以最佳呈现。另见 P. Brown, 'The Rise and Function of the Holy Man in Late Antiquity', *Journal of Roman Studies* 61 (1971) updated in *Society and the Holy in Late Antiquity* (Berkeley 1982), 以及 B. Flusin, *Miracle et histoire dans l'oeuvre de Cyrille de Scythopolis* (Oaris 1983)。关于教会的施舍与财富: Jones, *LRE* II, 920-29 & 970 ff. E. Patlagean, *Pauvreté économique et pauvreté sociale à Byzance* (Paris

1977) 在这点以及其他领域上都有开辟之功。F. van der Meer, *Early Christian Art* (transl. Peter & Friedl Brown, London 1967) 在论及教会艺术的风格与功能上极佳，而 C. Pietri, *Roma Cristiana* (Rome 1976) 和 R. Krautheimer, *Three Christian Capitals* (Berkeley 1983) 极大丰富了我们的知识。

第三章

第 1 节：S. Dill, *Roman Society in the Last Century of the Western Empire* (London 1898: Meridian 1958) 仍是令人满意且易理解的指南，另见 Matthews, *Western Aristocracies and Imperial Court*。关于贵族的异教：H. Bloch, 'The Pagan Revival in the West', *The Conflict between Paganism and Christianity*, 又有 P. Brown, 'Aspects of the Christianisation of the Roman Aristocracy', *Journal of Roman Studies* 51 (1961) 与 A. Cameron, 'The Date and Identity of Macrobius', *Journal of Roman Studies* 56 (1966); ed. F. Paschoud, *Symmaque* (Paris 1986), S.G. MacCormack, 'Roma, Constantinopolis', *Classical Quarterly* n.s. XXV(1975) 和 B. Croke & J. Harries, *Religious Conflict in Fourth-Century Rome: A Documentary Study* (Sydney 1982)。关于拉丁文化：P. Courcelle, *Les letters grecques en Occident* (Paris 1948), 现有 transl. H. E. Wadeck, *Late Latin Writers and their Greek Sources* (Cambridge, Mass. 1969); P. Camus, *Ammien Marcellin* (Paris 1967); R. L. Rike, *Apex Omnium. Religion in the Res Gestae of Ammianus* (Berkeley 1987) 提出了一种新取径。R. Syme, *Ammianus and the Historian Augusta* (Oxford 1968); P. Brown, 'Pelagius and his Supporters', 以及 'The Patrons of Pelagius', *Journal of Theological Studies* n.s. 19 (1968) & 21 (1970)。Alan Cameron, *Claudian* (Oxford 1970)。关于哲罗姆的文化与气质，尚无研究加以衡量，不过可见 J. N. D. Kelly, *Jerome* (London 1975)。E. A. Clark, *Ascetic Piety and Women's Faith* (New York 1986) 与 F. E. Consolino 于 *Società romana e impero tardoantico,* ed. A. Giardina 中的论文，都公允地讨论了贵族圈子中基督徒女性的角色。新发现的奥古斯丁书信为西方社会中大公教主教的活动带来了新角度：见 ed. J. Divjak, in *Corpus Scriptorum Ecclesiasticorum Latinorum* 88 (Vienna 1981); *Bibliothèque augustinienne* 46a

(Paris 1987) 编辑了 29 封书信，并有注释和翻译。关于贵族的社会与政治态度，见 F. Paschoud, *Roma aeterna* (Paris 1966)。关于蛮族部落结构及其对罗马情况的适应，出色的研究有 E. A. Thompson, *The Early Germans* (Oxford 1965), *The Visigoths in the Time of Ulfilas* (Oxford 1966), *The Goths in Spain* (Oxford 1969) 和 *Romans and Barbarians* (Madison, Wisc. 1982); P. Geary, *Before France and Germany* (Oxford 1988) 是一部优秀的综述。

与许多学者强调西方一个次罗马的"蛮族"社会难以察觉的演进不同，我会强调罗马人自觉的不宽容是"容纳"蛮族少数族裔的一个因素：参阅 P. Courcelle, *Histoire littéraire des grandes invasions germaniques* (Paris 1964) 与 M. Wallace-Hadrill, 'Gothia and Romania', *The Long-Haired Kings* (London 1962)。正如 Wallace-Hadrill 正确指出的，"被整合了的"法兰克人，作为大公教统治阶层享有了显著不同的命运。关于西哥特西班牙，参见 M. Reydellet, *La royauté dans la littérature latine de Sidoine Apollinaire à Isidore de Séville* (Paris 1981) 和 R. Collins, *Early Medieval Spain* (London 1983); F. Clover, 'Felix Karthago', *Dumbarton Oaks Papers* 40 (1986) 展现了汪达尔人统治阿非利加的一个方面; W. A. Goffart, *Barbarians and Romans A.D. 418–584: The techniques of accommodation* (Princeton 1980) 颇具挑战性地重述了这一问题。另见 ed. P. Sawyer & I. N. Wood, *Early Medieval Kingship* (Leeds 1977), S. F. Wemple, *Women in Frankish Society* (Philadelphia 1981) 和 J. M. Wallace-Hadrill, *The Frankish Church* (Oxford 1983); 这些研究都能纠正本章原版的疏漏。

第 2 节：概论：M. Wallace-Hadrill, *The Barbarian West* (Oxford 1966)。西多尼乌斯·阿波利纳里斯是他自己最好的解说人：参阅 *The Letters of Sidonius*, transl. O. M. Dalton (Oxford 1915) 与 C. E. Stevens, *Sidonius Apollinaris* (Oxford 1961)。图尔的格里高利《法兰克人史》已由 O. M. Dalton 翻译 (Oxford 1927); 参阅 Wallace-Hadrill, 'The Work of Gregory of Tours', *The Long-Haired Kings*, P. Brown, *The Cult of the Saints: its Rise and Function in Latin Christianity* (Chicago 1981) 和 R. Van Dam, *Leadership and Community in Late Antique Gaul* (Berkeley 1985)。对于意大利，A. Momigliano, 'Cassidorus and the Italian Culture of his Time', *Proceedings of the British Academy* 41 (1955)

和 M. Wes, *Das Ende des Kaisertums im Westen des römischen Reichs* (The Hague 1967) 都很杰出。另参 J. J. O'Donnell, *Cassiodorus* (Berkeley 1979), H. Chadwick, *Boethius* (Oxford 1981), 和 *Boethius*, ed. M. Gibson (Oxford 1981) 一书中的论文。J. Riché, *Education et culture dans l'Occident barbare* (Paris 1962), transl. *Education and Culture in the Barbarian West* (London 1977) 的概述长于强调了古典文化在西方的社会功能。查士丁尼收复失地使很多同时代人感到疑虑（见第四章第 2 节），而今天，也使那些倾向于把教宗制度视为"西方"重要制度、把罗马视为"西方"的都城并因此将东方皇帝贬斥为不被欢迎的闯入者的西方中世纪学者感到不安：P. Llewellyn, *Rome in the Dark Ages* (London 1971) 提供了纠正这一观点的证据。另参 J. Moorhead, 'Italian Loyalties during Justinian's Gothic War', *Byzantion* 53 (1983), T. S. Brown, *Gentlemen and Officers. Imperial Administration and Aristocratic Power in Byzantine Italy* (London 1984) 和 R. Krautheimer, *Rome: Profile of a City* (Princeton 1979)。

第四章

第 1 节：东方帝国的社会与经济史，见 Jones, *LRE*, I, 202-37。关于君士坦丁堡，H. G. Beck, 'Senat und Volk von Konstantinopel', *Bayerische Akademie der Wissenschaften* (1966) 与 G. Downey, *Constantinople in the Age of Justinian* (London 1964)。C. Mango, *Le développement urbain de Constantinople* (Paris 1983) 和他的 *Byzantium* (London 1980) 都是崭新而精确的作品。大跑马场与赛车分党：A. Cameron, *Porphyrius the Charioteer* (Oxford 1971)。在君士坦丁堡的拉丁语与帝国观念：G. Dargon, 'Aux origines de la civilization byzantine: langue de culture et langue d'Etat', *Revue historique* 241 (1969)。G. Mathew, *Byzantine Aesthetics* (London 1963) 是对学者官僚们品味与视野的出色重现。K. G. Holum, *Theodosian Empresses* (Berkeley 1982) 和 Alan Cameron, 'The Empress and the poet', *Yale Classical Studies* 27 (1982)；另见 M. Hendy, *Studies in the Byzantine Monetary Economy* (Cambridge 1985)。

东方诸行省的繁荣与创造力：P. du Bourguet, *L'art copte* (Paris 1968); G. Tchalenko, *Villages antiques de la Syrie du Nord*, 3 vols (Paris 1953-58), J. B.

Segal, *Edessa: The Blessed City* (Oxford 1970) 和 S. H. Griffith, 'Ephraem, the deacon of Edessa, and the Church of the Empire', in *Diakonia*, ed. T. Halton *et al.* (Washington D.C. 1986)。拜占庭的虔诚有赖于这些行省：P. Peeters, *Le tréfonds oriental de l'hagiographie byzantine* (Bruxelles 1950) 与 G. Mathew, 'The Christian Background', *The Cambridge Medieval History* IV.1 (Cambridge 1966)；但现在，R. Murray, *Symbols of Church and Kingdom* (Cambridge 1975)，H. J. W. Drijvers, *East of Antioch* (London 1984) 与 *East of Byzantium: Syria and Armenia in the Formative Period*, ed. N. Garsoian *et al.* (Washington D.C. 1982) 中的论文妥善地填补了这段空白，即便其重点是早期。关于埃及，参见 *Graeco-Coptica, Griechen und Kopten in byzantinischen Ägypten*, ed. P. Nagel (Halle 1984)。因此对君士坦丁堡崛起为帝国的教会"首都"有着激烈的反对：N. H. Baynes, 'Alexandria and Constantinople', *Byzantine Studies*。神学偏见并没怎么扰乱关于迦克墩公会议间接影响的研究，而将其扰乱的，则是多数现代学者决定把东方行省人的宗教反对意见解释成（或者说以解释来消解！）社会或政治不满的表现：A. H. M. Jones, 'Were the Ancient Heresies national or social movements in disguise?', *Journal of Theological Studies* n.s. 10 (1959) 提供了一种纠正，而 *Das Konzil von Chalkedon*, ed. A. Grillmeir & H. Bacht, 2 vols (Würzburg 1951-530) 则提供了充分资料来让警觉的读者能立定自己的观点。关于阿纳斯塔修斯：P. Charanis, *Church and State in the Later Roman Empire.* (Madison 1939); W. H. C. Frend, *The Rise of the Monophysite Movement* (Oxford 1972) 是一份典型而有力的叙述。关于个别思想家，参见 R. Chesnut, *Three Monophysite Christologies* (Oxford 1976) 和 G. Lardreau, *Discours philosophique et discours spirituel* (Paris 1985)，后者是关于玛布格的斐洛克塞诺斯（Philoxenos of Mabbug）的。

第 2 节：P. N. Ure, *Justinian and His Age* (Pelican, Harmondsworth 1951) 是有热情之作。普罗柯比在他的《秘史》(transl. G. A. Williamson, Harmondsworth 1969) 中表现并在《战史》(transl. by Dewing, Loeb Classical Library, London & New York 1914-40) 中多加暗示的负面形象仍然影响着现代观点。Jones, *LRE*, I, 266–302 是最公正的叙述。现在的重量级作品是 Averil

Cameron, *Procopius and the Sixth Century* (Berkeley 1985); 另见 T. Honoré, *Tribonian* (London 1978)。

关于军事问题，参阅 J. Teal, 'Barbarians in the Armies of Justinian', *Speculum* 40 (1965) 和 P. Allen, 'The "Justinianic" Plague', *Byzantion* 48 (1979)。关于拜占庭外交的发展，D. Obolensky, 'The Empire and its Northern Neighbours', *The Cambridge Medieval History* IV, 1 (Cambridge 1966) 是精巧的概述（也包括了关于斯拉夫人定居的讨论），以及 *The Byzantine Commonwealth* (London 1971); 现在又有 I. Engelhardt, *Mission und Politik in Byzanz* (Munich 1974)。

第 3 节：关于波斯本土，参阅 A. Christensen, *L'Iran sous les Sassanides* (Copenhagen-Paris 1936) 与 R. Frye, *The Heritage of Persia* (London 1963) 和 *The History of Ancient Iran* (Munich 1984)。*Persia e il mondo grecoromano* (Rome 1966) 收录了一些相关论文，另见 *The Cambridge History of Iran* 3, Parts 1 & 2, ed. E. Yarshater。

关于美索不达米亚的社会与宗教生活，参阅 B. Segel, 'The Mesopotamian communities from Julian to the Rise of Islam', *Proceedings of the British Academy* 41 (1955), J. Neusner, *A History of the Jews in Babylonia*, vols II-V (Leiden 1966-70) 与 V. Pigulevskaja, *Les villes dans l'état iranien* (Paris 1963)。我们能从 M. G. Morony, *Iraq after the Muslim Conquest* (Princeton 1984) 中获益良多。美索不达米亚各基督教社群与拜占庭的文化关系：P. Brown, 'The Diffusion of Manichaeism in the Roman Empire', *Journal of Roman Studies* 59 (1969)。现在见 S. N. C. Lieu, *Manichaeism* (Manchester 1985)。拜占庭对波斯的态度，参阅 Averil Cameron, 'Agathias on the Sassanians', *Dumbarton Oaks Papers* 23 (1969), 关于萨珊时代的贸易，见 D. Whitehouse & A. Williamson, 'Sasanian Maritime Trade', *Iran* 11 (1973); I. Shahîd, *Byzantium and the Arabs in the Fourth Century* (Washington D.C. 1984) 开启了一套计划宏伟的阿拉伯人与中东诸帝国关系史丛书。

第 4 节：诸多历史学家都将查士丁尼统治时期当作晚期罗马国家戏剧性的高潮，并接着将希拉克略统治时期作为拜占庭中世纪的开端。这导致了 6 世纪晚期作为一段本身具有重要性的时段被忽视了，但现在有了 A. P. Kazhdan & A. Culter, 'Continuity and Discontinuity in Byzantine History', *Byzantion* 52 (1982), J. F. Haldon, 'Ideology and Social Change in the Seventh Century', *Klio* 68 (1986) 和 H. Kennedy, 'The Last Century of Byzantine Syria: A Reinterpretation', *Byzantinische Forschungen* 19 (1985) 都强调了 6 世纪拜占庭危机的严峻。关于 6 世纪晚期的古典传统，参阅 Averil Cameron, 'The "Scepticism" of Procopius', *Historia* 15 (1966) 与 *Agathias* (Oxford 1970)。关于"勤勉者"约翰，参阅 S. Sambursky, *The Physical World of Late Antiquity* (London 1962)。*Philoponus and the Rejection of Aristotelian Science*, ed. R. Sorabji (London 1987) 收录了一些重要论文。关于古典文本的保存，参阅 L. Reynolds & N. Wilson, *Scribes and Scholars* (Oxford 1968) 和 N. G. Wilson, *Scholars of Byzantium* (London 1983); Averil Cameron & J. Herrin, *Constantinople in the Early Eighth Century* (Leiden 1984) 展现了，城市中居民已经不大能理解身边的古典雕塑了。关于欧洲西部，有 J. Fontaine, *Isidore de Séville et la culture classique de l'Espagne Wisigothique*, 2 vols (Paris 1959), 2nd edition with supplement(Paris 1983); Wallace-Hadrill, *The Frankish Church* 以及尤其是 P. Godman, *Poets and Emperors: Frankish Politics and Carolingian Poetry* (Oxford 1987) 纠正了我文本中的冷清印象；G. Henderson, *From Durrow to Kells: The Insular Gospel Books* (London 1987) 杰出地论述了非罗马社会中书籍的功能。关于大众宗教文化，有 E. Kitzinger, 'The Cult of Images in the Age before Iconoclasm', *Dumbarton Oaks Papers* 8 (1954)。Averil Cameron, 'Images of Authority: Elites and Icons in late sixth-century Byzantium', *Past and Present* 84 (1979) 对一场重要发展给出了上佳处理。

第五章

第 1 节：Tor Andrae, *Mohammed* (London 1936) 强调了穆罕默德的教诲来源于近东苦修主义信仰，而 M. Watt, *Muhammed at Mecca* 与 *Muhammad at Medina* (Oxford 1953 & 1955) 则着重于阿拉伯世界的直接问题。但读者必须注意，P. Crone, *Meccan Trade and the Rise of Islam* (Oxford 1987) 决定性地

重审了公认观点，其中有些也在本章中提到了。I. Goldziher, *Muslim Studies*, transl. S. Stern (London 1968) 清晰看出了伊斯兰教宣扬的与贝都因人愿意做的事情之间存在的矛盾。

第 2 节：V. Monneret de Villard, *Introduzione allo studio dell'archeologia islamica* (Venice 1966) 是关于近东社会与艺术形式延续性的卓越叙述。现在另参 O. Grabar, *The Formation of Islamic Art* (New Haven, Conn. 1973) 和 H. Kennedy, 'From Polis to Madina', *Past and Present* 106 (1985)。很少有学术领域像这样经历如此巨变，其结论也受到热烈争辩：我热情推荐 P. Crone & M. Cook, *Hagarism: The Making of the Islamic World* (Cambridge 1977)，P. Crone, *Slaves on Horses: The Evolution of the Islamic Polity* (Cambridge 1980) 和 P. Crone & M. Hinds, *God's Caliph: Religious Authority in the First Centuries of Islam* (Cambridge 1986) 与 *Studies in the First Century of Islamic Society*, ed. G. H. A. Juynboll(Carbondale, Illinois 1982)。关于拜占庭与波斯古代晚期文化的存续，以及阿拉伯人对其的接受，参阅 Goldziher, op. cit.; R. Walzer, *Greek into Arabic* (London 1962)，和 R. Paret, 'Contribution à l'étude des milieux culturels dans le Proche-Orient médiéval', *Revue historique* 235 (1966)。J. Lassner, *The Shaping of Abbasid Rule* (Princeton 1980) 和 M. Sharon, *Black Banners from the East* (Leiden 1983) 如今对波斯影响评价较低；另参 F. Rosenthal, *The Classical Heritage of Islam* (London 1975)。财富与文明重心随着阿拔斯哈里发的崛起（现在可参阅 *Islam and the Trade of Asia*, ed. D. S. Richard, London 1971）而从地中海沿岸转移开，或可解释西欧商贸与文化发展中的变化，而这种变化正是 H. Pirenne, *Mahomet and Charlemagne* (transl. Miall, London 1937) 极为关注的。学者对皮朗命题的讨论仍然激烈且富有成果：参阅 A. Riising, 'The Fate of H. Pirenne's thesis on the consequences of the Islamic Expansion', *Classica et Medievalia* 13 (1952), P. Brown, 'Mohammed and Charlemagne', *Daedalus* 103 (1974), updated in *Society and the Holy*, R. W. Bulliet, *The Camel and the Wheel* (Cambridge, Mass. 1975), 以及优秀的综论 R. Hodges & D. Whitehouse, *Mohammed, Charlemagne and the Origins of Europe* (Ithaca, New York 1983)。

(书中插附地图系原书插附地图)

粟特

阿姆河

喀布尔

里海

戈尔甘

戈尔甘

海

亚美尼亚

卡帕多奇亚

底格里斯河

扎格罗斯山脉

波斯帝王谷

斯塔赫尔

尼撒
凯撒里亚
纳西盎

美索不达米亚
埃德萨
尼西比斯

达斯特戈德
基尔库克
胡勒尼
泰西封

波斯波利斯

法尔斯

奇里乞亚

哈兰山脉
巴格达

幼发拉底河

巴士拉

塞浦路斯

安条克
叙利亚
巴尔米拉

杜拉-欧罗波斯
希拉
库法

卡迪西亚

波斯湾

大马士革
推罗
加沙

内盖夫沙漠

也门

塔尔索斯
卡利尼科
幼发拉底河

大里亚

埃及

汉志

麦地那

安条克
阿帕梅亚
叙利亚
巴尔米拉

俄克喜林库斯
塔本尼西
阿特里颇
拿戈玛第
底比斯
底比斯地

努比亚

麦加

红海

巴勒贝克
大马士革
推罗
托勒密城
凯撒里亚
雅尔穆克
耶路撒冷
伯沙塔
加沙

伯斯特拉
杰拉什
伯利恒
穆沙塔

图片出处

Albi, Bibliotheque Municipale: 4. Antioch, Museum of Antiquities: 33. Aquileia, Archaeological Museum: 55. Archives Photographiques: 7, 65. Athens, National Archaeological, Tunisia:28, 29, 34. Bargello, Florence: 92. Beny, Roloff: 3. Museum: 56. Bardo Museum Biblioteca Ambrosiana, Milan:51. Biblioteca Apostohica Vaticana: 50, 58, 59, 85, 115. Biblioteca Medicea-Laurenziana, Florence: 124. Bibliotheque Nationale, Paris: 106, 113, 119. Bildarchiv Marburg: 99. Brescia, Museo Civico: 1, 83. British Museum, London: 22, 60, 101, 109, 114, 121. Capitoline Museum, Rome: 53. Christie's, London: 70. Classical Numismatic Group:14,15,104. Clayton, Peter: 121. Deutsches Archaeologisches Institut, Rome: 6, 10, 13, 26, 42. Dayton, J. E.: 129, 130. Dumbarton Oaks Collection, Washington, D.C.:57, 68, 77. Editons Gallimard: 11, 25, 107,110, 116, 117. Gabinetto Nazionale Fotografico, Rome: 26, 44, 46, 47, 75, 76, 95, 97, 106, 20. Hirmer Fotoarchiv: 27, 36, 41, 82. Halle, Landesmuseum: 80. Hermitage, Leningrad: 31, 120. Hirmer Fotoarchiv: 32, 62, 63, 88, 93, 98,100, 104, 111, 112, 123, 125. Istanbul, Archacological Museum: 35, 93, 125. Kunsthistorisches Museum, Vienna: 24, 29. Louvre, Paris: 7, 65, 69, 72. Madrid, Archaeological Museum: 122. Madrid, Academia de la Historia :75. Mansell Collection (Alinari): 30, 38, 45, 53, 54, 66, 74, 78, 79, 88, 90, 102, 103. Mas: 81, 86. Masson, Georgina, Rome: 61. Metropolitan Museum of Art, New York: 128. Monza, Cathedral Treasury: 87, 117. Ostia, Museum: 23. Osterreichische Nationalbibliothek, Vienna: 105, 126, 127. Pushkin Museum, Moscow: 73. Recklingshausen, Ikonenmuseum: 8. Rossano, Cathedral Treasury: 32. Scala: 2, 12. Schweizerisches Landesmuseum, Zurich: 98. Staatliche Museen, Berlin: 37, 62, 67, 94, 96, 108. Speyer, Historisches Museum: 9. Teheran, Archaeological Museum: 110. Trier, Cathedral Treasury: 99. Vatican Museums: 5, 40, 48, 52, 54, 115. Vick (Barcelona), Episcopal Museum: 86. Victoria and Albert Museum, London:21, 39. Wikimedia commons: 5, 89 (by sailko); 25 (by Erik Drost); 26 (by Carole Raddato); 38 (by Mattis); 21, 39 (by Marie-Lan Nguyen); 66 (by Gianni Careddu); 83 (by Giovanni Dall'Orto); 86 (by Josep Maria Viñolas Esteva); 90 (by Shesmax); 98 (by Mattes); 106, 11(by Clio20); Yale University Art Gallery: 43.

出版后记

本书是普林斯顿大学著名历史学家彼得·布朗的代表作之一，首次出版于1971年。它探讨了自公元200年到700年之间的地中海世界，包括与其紧密相连的西欧与阿拉伯。作者（在英语世界）开创性地使用了"古代晚期"这一概念来指代这一时段。这一时段既见证了罗马帝国、波斯帝国，乃至整个古典世界的崩解，同时也见证了宗教、文化领域的急遽转型。虽然不如古罗马和中世纪那样为人熟知，但古代晚期并不是一个无足轻重的阶段，我们今天熟知的许多方面，比如欧洲和西亚的分道扬镳，就能追溯到这一时期。

本书之前的研究或着眼于罗马帝国的衰亡，或探讨基督教的发展，关注重点也往往在西方。本书的论述则统合了政治、社会与宗教，勾勒出了古代晚期世界的方方面面，同时论述的重点也放在了地中海东部。虽然某些具体观点可能已经得到了更新，但是，本书提供了高屋建瓴的研究框架，为本领域做出了开创性的贡献，遑论其文笔优美、感情真挚，它的重要性并不会因为时间的推移而磨灭。即便是在今天，《古代晚期的世界》依然具有启发性，值得我们阅读，甚至一读再读。

需要特别说明的是，书中引用的部分文献我们参考了现有的中译本，包括和合本圣经，席代岳译《罗马帝国衰亡史》，朱生豪译《威尼斯商人》等，在此特别提出感谢。

图书在版编目（CIP）数据

古代晚期的世界：150—750 /（爱尔兰）彼得·布朗著；王班班译. -- 北京：九州出版社，2023.10
ISBN 978-7-5225-1893-0

Ⅰ.①古… Ⅱ.①彼…②王… Ⅲ.①世界史－研究－ 150-750 Ⅳ.① K12

中国国家版本馆 CIP 数据核字（2023）第 102607 号

Published by arrangement with Thames & Hudson Ltd, London
The World of Late Antiquity ©1971 Thames & Hudson Ltd, London
Text © 1971 Peter Brown

著作权合同登记号：01-2023-3063

审图号：GS（2023）1649 号

古代晚期的世界：150—750

作　　者	［爱尔兰］彼得·布朗 著　王班班 译
责任编辑	王文湛
出版发行	九州出版社
地　　址	北京市西城区阜外大街甲 35 号（100037）
发行电话	（010）68992190/3/5/6
网　　址	www.jiuzhoupress.com
印　　刷	北京盛通印刷股份有限公司
开　　本	880 毫米 × 1194 毫米　　32 开
印　　张	8.5
字　　数	190 千字
版　　次	2023 年 10 月第 1 版
印　　次	2023 年 10 月第 1 次印刷
书　　号	ISBN 978-7-5225-1893-0
定　　价	92.00 元

★ 版权所有　侵权必究 ★